Comunidades de aprendizagem e de prática em metaverso

Conselho Editorial de Educação:
José Cerchi Fusari
Marcos Antonio Lorieri
Marcos Cezar de Freitas
Marli André
Pedro Goergen
Terezinha Azerêdo Rios
Valdemar Sguissardi
Vitor Henrique Paro

Dados Internacionais de Catalogação na Publicação (CIP)
(Câmara Brasileira do Livro, SP, Brasil)

Comunidades de aprendizagem e de prática em metaverso / Eliane Schlemmer... [et al.]. – São Paulo : Cortez, 2012.

Outros autores: Pierfranco Malizia, Luciana Backes, Gaia Moretti
Bibliografia
ISBN 978-85-249-1950-3

1. Comunidades virtuais (Rede de computadores) 2. Educação a distância 3. Informática e educação 4. Internet (Rede de computador) na educação 5. Second Life (Simulador de realidade virtual) 6. Sistemas de computação interativos – Aspectos sociais 7. Tecnologia educacional I. Schlemmer, Eliane. II. Malizia, Pierfranco. III. Backes, Luciana. IV. Gaia, Morett.

12-09816   CDD-371.334

Índices para catálogo sistemático:
1. Metaverso : Tecnologias : Educação   371.334

Eliane Schlemmer • Pierfranco Malizia
Luciana Backes • Gaia Moretti

Comunidades de aprendizagem e de prática em metaverso

CORTEZ
EDITORA

COMUNIDADES DE APRENDIZAGEM E DE PRÁTICA EM METAVERSO
Eliane Schlemmer / Pierfranco Malizia / Luciana Backes / Gaia Moretti

Capa: aeroestúdio
Revisão: Patrizia Zagni
Composição: Linea Editora Ltda.
Coordenação editorial: Danilo A. Q. Morales

Nenhuma parte desta obra pode ser reproduzida ou duplicada sem autorização expressa dos autores e do editor.

© 2012 by Autores

Direitos para esta edição
CORTEZ EDITORA
Rua Monte Alegre, 1.074 – Perdizes
05014-001 – São Paulo – SP
Tel.: (11) 3864-0111   Fax: (11) 3864-4290
e-mail: cortez@cortezeditora.com.br
www.cortezeditora.com.br

Impresso no Brasil – outubro de 2012

Dedicatória

Este livro é dedicado àqueles que são os responsáveis pela nossa existência nesse mundo, nossos pais, a eles todo nosso agradecimento, reconhecimento e gratidão.

Dedicamos este livro também aos nossos orientadores, responsáveis por nos iniciar no mundo da pesquisa e por nos fazer enxergar a vida com estranhamento, a fim de que pudéssemos pensar em alternativas para um viver melhor: Léa da Cruz Fagundes, Eliane Schlemmer, Jean--Claude Régnier, Nadja Acioly-Régnier, Pierfranco Malizia.

Agradecimentos

Agradecemos à Universidade Lumsa, à Universidade do Vale do Rio dos Sinos — UNISINOS, à CAPES, ao CNPq e à FAPERGS pelo apoio ao desenvolvimento da pesquisa que dá origem a essa obra.

Sobre os Autores

ELIANE SCHLEMMER

Bolsista de Produtividade em Pesquisa do CNPq — Nível 2, Bacharel em Informática pela Universidade do Vale do Rio dos Sinos (Unisinos), possui mestrado em Psicologia pela Universidade Federal do Rio Grande do Sul (UFRGS) e doutorado em Informática na Educação também pela UFRGS. Professora-pesquisadora titular da Unisinos, vinculada ao Programa de Pós-Graduação em Educação desde 2003. Coordena o Grupo de Pesquisa Educação Digital — GPe-dU Unisinos/CNPq — desde a sua criação, em 2004. É conceptora do Ambiente Virtual de Aprendizagem (AVA-Unisinos), do Agente Comunicativo (Mariá — desenvolvido em parceria com o Programa de Pós-Graduação em Computação Aplicada), do Ambiente Virtual de Aprendizagem para dispositivos móveis — COMTEXT® (Competências em Contexto — desenvolvido em parceria com o Programa de Pós-Graduação em Administração e com o Programa de Pós-Graduação em Computação Aplicada), do Mundo Virtual em 3D Awsinos, criado no metaverso Eduverse, da Ilha Unisinos e da Ilha Ricesu, ambas criadas no metaverso Second Life, e da Tecnologia-Conceito "Espaço de Convivência Digital Virtual" (ECODI), num contexto de hibridismo tecnológico digital. Possui diversos artigos publicados em periódicos e eventos nacionais e internacionais, além de ser autora de livros e capítulos de livros publicados no Brasil e nos EUA. É uma das autoras do livro "m-learning e u-learning: novas perspectivas da aprendizagem móvel e ubíqua", editado pela Pearson Prentice Hall, em 2011. É Consultora ad hoc na área de Educação Digital e Educação Online. E-mail: elianeschlemmer@gmail.br

PIERFRANCO MALIZIA

Graduado em Filosofia e em Letras, possui doutorado em Sociologia da Cultura pela Universidade La Sapienza. Professor de Sociologia na Faculdade de Letras e Filosofia da Universidade Lumsa, diretor do Curso de Pós-graduação em Comunicação e diretor do Centro de Pesquisa em Comunicação e Eventos na mesma universidade. Atua principalmente nas áreas de Transformações Sociais, da Produção Cultural e da Comunicação. Publicou, entre outros, *Comunic-a-zioni* (Milão, 2006), *Configurazioni* (Milão, 2007), *Al plurale* (Milão, 2008) e *Piccole società* (Roma, 2010). *E-mail*: pfmalizia@yahoo.it.

LUCIANA BACKES

Graduada em Pedagogia pela Universidade do Vale do Rio dos Sinos (Unisinos), possui especialização em Informática na Educação pela Universidade Federal do Rio Grande do Sul (UFRGS), mestrado em Educação pela Unisinos, é doutora em Educação também pela Unisinos e em Sciences de l'Éducation pela Université Lumière Lyon 2. Bolsista do Programa Colégio Doutoral Franco-Brasileiro (Capes). Membro do Grupo de Pesquisa Educação Digital — GPe-dU Unisinos/CNPq — e do Grupo de Pesquisa UMR 5191 ICAR — ED 485 EPIC. Por meio dos grupos de pesquisa, desenvolve projetos de pesquisa e teorizações sobre Educação, Formação do Educador e Cultura em espaços digitais virtuais. *E-mail*: lucianabackes@gmail.com.

GAIA MORETTI

Graduada em Filosofia pela Universidade La Sapienza, possui doutorado em Ciências da Comunicação e Organizações Complexas pela Universidade Lumsa. Professora de *Web* Marketing e Inovação no Instituto Superior de Comunicação Empresarial (Iscem), Lisboa (Portugal), colaboradora das atividades de pesquisa e de planejamento europeu, consultora de Planejamento Europeu, Comunicação e Treinamento em Ianus, SME Italiana de Consultoria. Membro do Grupo de Pesquisa em Educação Digital — GPe-dU Unisinos/CNPq. Colabora com o Centro de Pesquisa em Responsabilidade Social, Eventos e Comunicação (Cresec) da Lumsa, nas atividades de pesquisa sobre as comunidades virtuais, a comunicação e as novas mídias. *E-mail*: moretti.gaia@gmail.com.

Sumário

Prefácio da edição brasileira 13
    João Mattar

Apresentação 17
    Eliane Schlemmer, Pierfranco Malizia, Luciana Backes, Gaia Moretti

1. Comunidades virtuais de aprendizagem e de prática 25
    Pierfranco Malizia

2. Origens e fundamentos da tecnologia de metaverso 61
    Eliane Schlemmer

3. Comunidades virtuais de aprendizagem e de prática em metaverso .. 127
    Gaia Moretti

4. Metodologias, práticas e mediação pedagógica em metaverso 179
    Luciana Backes

5. Experiências brasileiras e italianas 203
    Eliane Schlemmer, Pierfranco Malizia, Luciana Backes, Gaia Moretti

Referências bibliográficas 215

Prefácio

Muito antes do *Second Life*, o Brasil já possuía um centro de pesquisa de excelência sobre o uso de mundos virtuais em educação: o Programa de Pós-graduação em Educação da Unisinos, cuja linha de pesquisa "Educação, Desenvolvimento e Tecnologias" é coordenada pela professora Eliane Schlemmer, uma das autoras deste livro, do qual também participa a outra autora brasileira, Luciana Backes. Utilizando o *Active Worlds*, esse grupo já possuía no milênio passado uma galáxia no Eduverse, realizando desde então trabalhos de formação de professores com mundos virtuais (entre outros) que são referência não apenas no Brasil, mas também no exterior. Desde 2007 tenho interagido intensamente com Eliane e vários membros do seu grupo de pesquisa, o que tem me proporcionado algumas das relações pessoais e profissionais mais recompensadoras que tenho vivido.

Fui checar a minha caixa de *e-mails* para ter certeza e achei um de Gaia Moretti, de 18 de dezembro de 2008, dizendo que tinha lido alguns *posts* e livros meus e que estava pesquisando aprendizagem em mundos virtuais na Universidade Lumsa de Roma, seguido de outro *e-mail*, de 14 de janeiro de 2009, em que ela informava que sua proposta de intercâmbio tinha sido aceita. Indiquei naturalmente o grupo coordenado pela professora Eliane Schlemmer... e fez-se história! Este livro, que conta também com a participação de Pierfranco Malizia, da Lumsa, é um dos frutos dessa parceria. Além da minha profunda admiração pelo trabalho dos grupos da Unisinos e da Lumsa, e do meu interesse especial pelo uso de mundos virtuais em educação, senti-me mais do que honrado pelo convite para escrever este Prefácio pelo fato de ter sido, de alguma maneira, catalisador deste encontro.

O livro que você tem em mãos é uma maravilhosa contribuição para todos aqueles que se interessam por educação, pelo uso de tecnologias e, especialmente, pela integração de mundos virtuais à educação. Isso não apenas pela qualidade dos autores e das pesquisas aqui registradas — e pelo fato de coroar uma contribuição internacional entre Brasil e Itália —, mas também pela riqueza dos temas abordados. Você terá aqui a oportunidade de analisar comunidades virtuais de aprendizagem e de prática por diversas perspectivas teóricas (sociológicas, tecnológicas e pedagógicas, entre outras), além de avaliar a teoria e a prática de sua constituição e de seu desenvolvimento em mundos virtuais. Nesse sentido, o livro não se resume à educação, mas se abre para aspectos mais amplos da comunicação virtual. Você poderá também acompanhar aqui o histórico das pesquisas e experiências com mundos virtuais no Brasil e na Itália. Mas, além de tudo isso, você também conviverá com vários outros temas que constituem o estado da arte do uso de tecnologias em educação, como: redes sociais, comunicação mediada por computadores (CMC), interação, construção de identidades virtuais e presença digital virtual. Por fim, você será também introduzido às referências utilizadas como fundamentação teórica, conversando com autores essenciais para a compreensão do processo de virtualização que estamos vivendo não apenas em educação, como Manuel Castells, Pierre Lévy, Humberto Maturana, Francisco Varela e Sherry Turkle.

Este livro é uma preciosidade para educadores, para estudiosos, para curiosos. É uma mostra de que, ao contrário do que muitos videntes insistem em continuar prevendo, o uso de mundos virtuais em educação continua intenso, criando ricas comunidades e gerando pesquisas de ponta. É também uma grande contribuição para o campo da Educação a Distância, sinalizando com alternativas que superam o foco dos modelos fordistas e instrucionistas no conteúdo, explorando, ao contrário, o *design* da interação e da colaboração *on-line*. É também valioso para todos que se interessam por comunicação *on-line*, pela dinâmica de comunidades e de redes sociais. E muito mais, que você descobrirá durante sua exploração.

Boa viagem aos múltiplos universos aqui apresentados!

João Mattar
TIDD — Programa de Pós-graduação em Tecnologias
da Inteligência e Design Digital (PUC-SP)

Apresentação

Este livro representa parte de um viver e conviver entre pesquisadores italianos e brasileiros que compartilham interesses e práticas de pesquisa vinculadas à temática da Educação, Comunicação e da Cultura Digital. Esse viver e conviver entre os pesquisadores, para além do universo presencial físico de suas próprias culturas, flui também a partir do uso de tecnologias digitais, tais como os metaversos, propiciando o surgimento de uma nova cultura, híbrida, nômade, em fluxo — a Cultura Digital Virtual — ou quem sabe uma (meta)cultura? Que emerge de ações, relações e interações entre sujeitos que configuram comunidades virtuais, em novos mundos — Mundos Digitais Virtuais em três dimensões. É desse contexto que aproximações mais intensas no âmbito da pesquisa começam a surgir como fruto do trabalho colaborativo e cooperativo, o qual tem como primeiro resultado esta obra. Assim, este livro representa um marco, que consolida as produções de um coletivo até o momento, principalmente vincula a temática das "Comunidades Virtuais de Aprendizagem e de Prática em Metaverso" e, ao mesmo tempo, dá início a um novo projeto de desenvolvimento de pesquisas integradas.

De acordo com Schlemmer (2012),[1]

A temática das "comunidades virtuais" (CV) surge no final do século XX, no bojo do movimento tecnocientífico, com o advento da internet e, por-

---

1. Schlemmer, Eliane. A aprendizagem por meio de comunidades virtuais na prática in Litto, Fredric Michael; Formiga, Marcos (Orgs.). *Educação a distância*: o estado da arte. 2. ed. São Paulo: Pearson Education do Brasil. 2012. v. 2.

tanto, associado a um processo de virtualização. Para compreender melhor como surgem as CV, é preciso olhar para a história. De acordo com Castells (2003), as comunidades *on-line* têm origens muito semelhantes às dos movimentos da contracultura e aos modos de vida alternativos, que surgiram nos anos 1960. Os primeiros usuários das redes de computadores, que naquele momento histórico eram fortemente marcados por ideais de democracia e desejo de liberdade, inspiraram a prática da interconexão *on-line*. Ainda, no final dos anos 1960, início dos anos 1970, surgiram os sistemas *timeshare*, tais como o Plato (*Programmed Logic for Automated Teaching Operations*),[2] desenvolvido por Donald Bitzer[3] e, com ele, as primeiras comunidades *on-line*. Em 1979, essas comunidades se difundem a partir da criação do RPG textual "Avatar" e pelo surgimento da Usenet.[4] Rheingold (1996) e Castells (1999) destacam ainda o surgimento, em 1989, dos Sistemas de Boletins Informativos (SBIS), contribuindo ainda mais para a proliferação das CV. No entanto, foi em 1993, com a obra intitulada *The virtual community*, de Howard Rheingold, influenciado pela Well (*Whole Earth Lectronic Link*),[5] que a expressão "comunidades virtuais" ganhou força. De acordo com Rheingold (1993), comunidades virtuais são agregações sociais que surgem no contexto da Internet, quando um grupo de pessoas sustenta discussões públicas longas, com suficiente emoção, constituindo, dessa forma, redes de relacionamentos no ciberespaço.

Atualmente, no âmbito da tecnologia de metaverso, as "Comunidades Virtuais de Aprendizagem e de Prática" (CVAP) se constituem a partir de novas possibilidades que incluem a telepresença e a presença digital virtual (por meio de um avatar) dos seus integrantes em espaços modelados em três dimensões, num tempo intemporal e num espaço de fluxo, de natureza digital virtual. Estruturam-se a partir de afinidades de interesses compartilhados, de uma identidade co-

---

2. O Plato era um sistema que envolvia as seguintes possibilidades: *e-mail, newsgroup, chat* e jogos *on-line*.

3. Professor e engenheiro elétrico da Universidade de Illinois.

4. O primeiro grande fórum *on-line*.

5. Well é uma das comunidades virtuais mais antigas e que continuam ativas, congregando aproximadamente quatro mil membros. Disponível em: <http://www.well.com/>. Acesso em: 30 ago. 2010.

mum, de trocas de informações, do compartilhamento de ideias, experiências, da socialização de práticas de trabalho e construção de conhecimentos, de forma colaborativa e cooperativa, propiciando o desenvolvimento de novas aprendizagens em rede. Nessas comunidades, os sujeitos agem e interagem em função de objetivos comuns e o sentimento de pertencimento desloca-se do espaço físico para o espaço digital virtual.

Dessa forma, por meio de CVAP é possível produzir conhecimento numa relação dialógica, fundamentada pela colaboração e pela cooperação, em que todos os membros podem desenvolver a capacidade de expressão e de escuta, num processo de autonomia (no que se refere à identificação de suas próprias necessidades de aprendizagem, capacidade de escolhas, bem como às formas de desenvolvê-la) e de autoria (no que se refere à responsabilidade pelo conteúdo da sua ação/interação, pelas relações que produz na dinâmica do grupo ou pelo conhecimento que institui).

Assim, a temática das "Comunidades Virtuais de Aprendizagem e de Prática em Metaverso", embora seja recente e as pesquisas encontrem-se ainda em nível embrionário, faz-se cada vez mais presente tanto no âmbito da educação formal, em instituições socialmente reconhecidas para esse fim, quanto no âmbito da educação não formal, em empresas, meios de comunicação e ONG. O surgimento dessas comunidades se dá em função da necessidade, cada vez maior, de inserção e atualização profissional, de capacitação ao longo da vida, ou seja, a formação.

As CVAP se constituem como uma nova forma de organização social e alteram a maneira como o sujeito se relaciona com a informação, aprende e produz conhecimento, no entanto é preciso lembrar que comunidades de todo tipo coexistem e convivem, desde as mais tradicionais, de base territorial, até as constituídas a partir dos movimentos sociais e dos diferentes espaços digitais virtuais, tais como são as CVAP, o que torna possível o surgimento de espaços ricos em ação e interação dos sujeitos no contexto do compartilhamento de práticas e na construção do conhecimento de forma colaborativa e cooperativa.

Nesse contexto é importante perceber que a geração atual, denominada por Van der Speck e Vrakking (2009) de "Geração *Homo zappiens*", com seus membros também conhecidos como "nativos digitais" (Prensky, 2001), vive, convive, co-habita novos espaços, constituindo-se por meio das e nas comunidades criadas, deixando de vivenciar um só espaço, uma só comunidade, uma só cultura, um só mundo, um único universo.

Assim, é com grande satisfação que apresentamos o nosso livro, *comunidades de aprendizagem e de pratica em metaverso*, o qual tem muito de todos nós, tem algumas certezas provisórias que fomos construindo ao longo da nossa trajetória como professores-pesquisadores e também algumas dúvidas temporárias que igualmente surgiram nesse processo, as quais estamos compartilhando com você. Portanto, convidamos você a estar conosco neste espaço de pesquisa. Refletindo, dialogando, juntamente com outros pesquisadores que citamos na obra, os quais nos ajudaram a melhor compreender esse novo universo das comunidades de aprendizagem e de prática em metaverso. Esperamos que a leitura traga momentos de satisfação, de inquietude, de desejo por conhecer mais, despertando a imaginação e a atividade criadora e inovadora.

Para iniciar, no capítulo 1, Comunidades virtuais de aprendizagem e de prática: uma introdução, de autoria de Pierfranco Malizia, você encontrará uma visão mais sociológica, em que são apresentados e discutidos subtemas como: a rede como território social; a CMC como modalidade relacional; interações sociais estruturadas: as "comunidades virtuais"; sobre comunidades para ensinar e comunidades para aprender como "comunidades de prática" de conhecimento; realização de uma *community of practice* e uma breve conclusão sobre esse primeiro capítulo.

No capítulo 2, Origens e fundamentos da tecnologia de metaverso, de autoria de Eliane Schlemmer, você encontrará uma visão tecnológico-educacional sobre as comunidades virtuais de aprendizagem e de prática. Nesse capítulo são apresentados e discutidos subtemas como: metaverso: como se origina? Qual a sua história?; metaverso, MDV3D: fundamentos e conceitos; avatar: a criação do "eu digital virtual", a construção de uma identidade digital virtual; telepresença, presença digital virtual e imersão em metaversos; metaverso... a cultura da virtualidade real dos MDVs; o hibridismo tecnológico e o surgimento do ECODI; o uso de ECODI para a constituição de CVAP híbridas e nômades, e, por fim, são apresentadas algumas considerações e reflexões.

No Capítulo 3, Comunidades virtuais de aprendizagem e de prática em metaverso, de autoria de Gaia Moretti, você encontrará uma visão que integra e articula as temáticas desenvolvidas nos capítulos anteriores. Nesse capítulo são apresentados e discutidos subtemas como: virtual; presença digital virtual; comunidades virtuais, comunidades de aprendizagem, comunidades de prática; Comunidades Virtuais de Aprendizagem e Prática (CVAP) em metaverso; as comunidades de aprendizagem e as comunidades de prática: quais necessidades são satisfeitas pelo mundo virtual? E depois?

No Capítulo 4, Metodologias, práticas e mediação pedagógica em metaverso, de autoria de Luciana Backes, você encontrará uma visão mais pedagógica sobre a temática ao refletir sobre as tensões, perturbações e provocações que estão entre os processos de ensinar e de aprender. Nesse capítulo são apresentados e discutidos subtemas como: a proposição da formação na contemporaneidade; metodologia na formação em metaversos; práticas na formação humana; mediação pedagógica para emancipação digital.

Para finalizar, no capítulo 5, Experiências brasileiras e italianas, de autoria de Eliane Schlemmer, Pierfranco Malizia, Luciana Backes e Gaia Moretti, são apresentadas e discutidas algumas experiências que foram desenvolvidas nesses países, tanto vinculadas ao contexto educacional quanto ao contexto organizacional, e que podem ser consideradas um início do que acreditamos representar a configuração de Comunidades Virtuais de Aprendizagem e de Prática em metaverso.

Portanto, amigo(a) leitor(a), queremos chamar a atenção para o fato de que se atualmente para nós, "imigrantes digitais", ou quem sabe até "naturalizados digitais", pertencentes a uma "geração analógica", parece um tanto quanto estranho criar um avatar e com ele fazer parte de um mundo digital virtual, agindo e interagindo com outros avatares presentes nesse mesmo mundo (pertencente ao domínio dos metaversos) e, dessa forma, constituindo comunidades de aprendizagem e de prática, descobrindo e experimentando novas formas de organização social, para os "nativos digitais", sujeitos pertencentes à geração digital, essa é uma prática comum que faz parte do seu dia a dia, em que utilizam tecnologias digitais como os metaversos, entre outras, para encontrar amigos, buscar informações, compartilhar interesses, ideias, experiências, viver desafios, enfim, para aprender e conviver.

É importante refletir ainda sobre o fato de que há pouco mais de duas décadas, jamais poderíamos imaginar no que a internet poderia se transformar e representar à atual sociedade. Dessa forma, não é difícil imaginar que em pouco tempo a *Web* 3D será uma interface tão comum como hoje é a interface em 2D, pois ela nos proporciona, entre tantas coisas, algo que nos interessa muito: experiências de aprendizagem e de prática imersivas e interativas de outra natureza.

Nesse contexto, você pode estar pensando: o que fazer?

Entendemos que observar tendências, como a realidade aumentada, a realidade misturada, experimentar a *Web* 3D tanto em dispositivos fixos quanto móveis, participar de reuniões e eventos digitais virtuais utilizando avatares, constitui boa iniciativa para quem deseja conhecer melhor esses "novos mundos". Parafraseando Maturana e Varela (2002), todo o viver é um conhecer.

Acreditamos que essas tecnologias e o paradigma que envolve a *Web* 3D podem representar um futuro muito presente para a formação humana no universo da Educação e das Organizações, pensado para os "nativos digitais" (Prensky, 2001), também denominados *homo zappiens* (Veen e Vrakking, 2009), ou seja, para essa geração que é digital, que atualmente está na universidade e que em pouco tempo estará também no mercado de trabalho.

Essa nova realidade, que se constitui a partir da forma de ser e estar no mundo dessa nova geração, das suas necessidades, das novas formas de aprender, de se relacionar, de trabalhar, de pensar, que eles desenvolveram com e a partir do uso de diferentes tecnologias digitais, representa para nós um significativo desafio tanto de educar, formar, capacitar e qualificar quanto de proporcionar novas formas de trabalho.

Plataformas como o *Active World*, *There*,[6] *Lively*, *Second Life*, entre tantas outras, são passageiras, mas o conceito de *Web* 3D, de metaverso, de MDV3D, de ECODI, de Realidade Aumentada RA, com certeza não.

A internet 3D está nos abrindo as portas de um novo mundo de experiências de aprendizagem e de prática profissional, vinculadas a novas formas de organização social, possíveis por meio de um viver e conviver em espaços digitais virtuais. Tudo isso está sendo construído nesse exato momento, por milhões de "imigrantes" e "nativos digitais" espalhados pelo mundo.

Ao finalizar esta apresentação, gostaríamos de agradecer a algumas instituições e pessoas que foram fundamentais para a concretização desta obra.

Primeiramente, agradecemos ao CNPq, à Capes e à FAPERGS ao apoiar o desenvolvimento das pesquisas, por meio de financiamentos de projetos e de bolsas, que nos possibilitaram ter elementos para escrever este livro.

Agradecemos também à Universidade do Vale do Rio dos Sinos (Unisinos) e à Lumsa, que vem financiando, apoiando e possibilitando nossos projetos de pesquisa.

Agradecemos ainda à Rede de Instituições Católicas de Ensino Superior (Ricesu) que congrega treze instituições de ensino superior católico em todo o Brasil, com quem realizamos um importante projeto de desenvolvimento e pesquisa vinculado à temática que dá origem a este livro.

Um agradecimento especial a toda a equipe do Grupo de Pesquisa Educação Digital (GPe-dU) — (Unisinos/CNPq), coordenado pela

---

6. *There*, mundo digital virtual em três dimensões que iniciou suas atividades em 2003 e encerrou em 9 de março de 2010. Disponível em: <http://www.there.com/info/announcement>. Acesso em: 30 ago. 2010.

professora Eliane Schlemmer, que reúne jovens de diferentes áreas que estão se iniciando no mundo da pesquisa e que tiveram uma participação importante nas investigações que originaram este livro, em especial a Helena Cristina Martelete Soares, Gláucia Silva da Rosa, Felipe Borges de Oliveira, Helder Bruno Pinto Ferreira, Luciana Backes, Daiana Trein e Ederson Locatelli, a todos nosso sincero obrigado.

Por fim, agradecemos a todos que nos orientaram e apoiaram no desenvolvimento deste livro.

Eliane Schlemmer, Pierfranco Malizia, Luciana Backes e *Gaia Moretti*
São Leopoldo, 13 de setembro de 2010.

1
Comunidades virtuais de aprendizagem e de prática:
uma introdução

Pierfranco Malizia

As transformações tecnológicas, que há tempos vêm ocorrendo, modificaram não só as formas de aprendizagem, como também, mais usualmente, as formas de agregação social, da profissionalidade e do trabalho, produzindo fenomenologias radicalmente novas.

Para entender essas transformações, é preciso compreender antes de mais nada a mutação genética das novas tecnologias da informação e da comunicação: de instrumentos de elaboração e transmissão de dados, as novas tecnologias se transformaram em instrumentos de comunicação com potencialidades até hoje não totalmente exploradas.

São dois os principais fatores que caraterizam essa transformação: o primeiro tem relação com a redefinição das geometrias dos fluxos de comunicação entre pessoas; o segundo, com a passagem da veiculação dos dados codificados à multimidialidade (Malizia, 2006).

Quanto ao primeiro elemento de mutação, vale a pena destacar como a produção de massa nos habituou a distinguir entre instrumentos para a comunicação interpessoal e instrumentos para a comunicação de massa. A rede torna essa oposição consideravelmente obsoleta, por meio de uma síntese que integra sinergicamente modalidades de comunicação *one to one* e funções de comunicação *one to many;* além disso, garante funções de diálogos entre pessoas e filtra as informações estandardizadas com base em parâmetros e categorias especificadas pelo usuário.

O segundo fator de evolução, a transformação da rede, de veículo de dados codificados à multimidialidade, tem como efeito principal a valorização dos contextos; no momento em que as tecnologias da informação não eram mais propriedade exclusiva das grandes estruturas, que podiam manter economicamente o complexo ciclo de codificação e recontextualização do conhecimento, a multimidialidade criou a possibilidade de veicular contextos e de produzi-los a custos limitados. Os novos instrumentos de comunicação e cooperação em rede permitem aos usuários trocar diferentes tipos de mensagens (texto, sons e imagens), criando novos ambientes de cooperação. As novas tecnologias reduzem consideravelmente os custos de coordenação e da comunicação porque limitam o uso de procedimentos de codificação do conhecimento. É nesse contexto de modificação estrutural das tecnologias que surgem as comunidades virtuais, como novas formas de organização dos processos de aprendizagem coletiva e de desenvolvimento do conhecimento compartilhado, do "modo de trabalhar" conjunto, fazer negócios, conhecer/aprender.

Para desenvolver (mesmo que sinteticamente) tal temática, será de toda forma útil "começar pelo começo", ou seja, pelas lógicas do *agir em rede.*

1. A rede como território social: algum risco?

A rede, ou melhor, o conjunto das relações sociais e das relativas formas de comunicação/interação, é uma fenomenologia consolidada e razoavelmente difusa, vivida e representada ora de modo "apocalíptico" ora "fideísta", ora mais realisticamente, como um território comunicativo em si, um território especial em que "a disposição espaço-temporal dos signos, a sua desterritorialização, é uma questão de leveza, de virtualidade, de rapidez das tecnologias de reprodução e velocidade das tecnologias de transmissão. O amálgama desses fatores gera a Rede: um espaço virtual de fluxos comunicativos e informativos globais. A internet é a superação de um limiar, o ponto de descontinuidade da comunicação *tout court* e, aqui, da comunicação-mundo. Seu DNA é uma mutação na direção de uma nova forma comunicativa. Macroinfraestrutura tecnólogica sem solução de continuidade, comunicação interativa e horizontal, código digital, linguagem multimidial, espaço virtual, acesso personalizado e personalização dos palímpsestos são as novas moléculas, as novas recombinações do ácido nucleico que geram as mutações da forma comunicativa" (Scatizza, 2003).

De fato, mais do que um meio de comunicação, a rede parece ser um verdadeiro e próprio "território" desvinculado das relações concretas, absolutamente (mais do que qualquer outra mídia) desespacializado, onde o "social" se faz "virtual"; uma espécie de realidade autônoma na qual se formam fluxos (ora efêmeros, ora constantes) de comunicação "enquanto tal", sem necessariamente uma conexão unívoca comunicação/compreensão, sem interação, nem mesmo "quase".

É o lugar em que o social se desestabiliza em toda uma série de conexões (o termo é *per se* interessante) "fracas" em uma pseudorreprodução de socialidade (comunidades virtuais, *chatline*) com níveis inversamente proporcionais de *social presence* e de *media richness* muitas vezes degenerativos e com uma lógica de "ação situada" virtualmente construída (Thompson, 1998).

Certo, a internet é profundamente diferente das mídias tradicionais, permitindo realmente uma interatividade (porém sem uma real interação) impelida, unindo diferentes mídias, possibilitando um conectar-se/desconectar-se totalmente livre e individualizado que vem a enaltecer um "estar na rede" específico (*home page, discussion groups* etc.) ou generalizado (o *surfing*), muitas vezes, porém, de baixo perfil comunicativo, tanto como "transmissão" quanto — principalmente — como "relação", em uma espécie de senso de "liberdade absoluta", destinado a ser sempre mais ilusório que real: como naquela espécie de "ordenamento de rede" (*browser, service provider, nesting* etc.) que, na realidade, torna o "navegador" sempre menos "homérico" e sempre mais "em rotas", muitas vezes discretamente "comerciais" e, de qualquer forma, não mais tão livres.

Não importando se de *high* ou de *low profile*, o comunicar em rede (portanto o "estar na rede") tem também um outro vínculo/risco estrutural que não deve ser esquecido, ou seja, modalidades comunicativas tendencialmente "frias", essencializadas; em outros termos, as linguagens e modalidades expressivas próprias das "máquinas", em vez de modalidades "quentes e polissêmicas" (Thompson, 1978, cap. 3), as quais, se não desaparecem totalmente, são seguramente subordinadas e depauperadas pelas primeiras.

2. A CMC como modalidade relacional: generalidades

A Comunicação Mediada pelo Computador (CMC), como se sabe, nasceu no início dos anos 1970 com base em alguns experimentos de teleconferência conduzidos por Murray Turoff para o Institute for Defense Analysis (Hiltz e Turoff, 1978).

Turoff procurou utilizar a comunicação via computador para as aplicações do "Delphi", uma metodologia de pesquisa sobre os cenários por intermédio de especialistas, com o objetivo de redigir previsões coletivas atendíveis.

A partir do trabalho pioneiro de Hiltz e Turoff, a atenção focalizou-se sucessivamente nas potencialidades produtivas da CMC, sobre suas aplicações em âmbito empresarial, em grupos de trabalho e na administração pública e, sucessivamente e mais em geral, no desenvolvimento de conhecimento e aprendizagem.

Há vários anos, a CMC e a interação social nas redes telemáticas constituem objeto de estudo científico e representam um tema de vivo interesse, principalmente no âmbito dos estudos sociológicos, com relação aos processos de comunicação, àqueles de interação e de transformação social.

O primeiro veio sistemático de pesquisa sobre a CMC se desenvolveu no início dos anos 1980; tais estudos visavam a, de um lado, descrever e explicar as condições nas quais a telemática podia ser eficazmente empregada nos processos de *office automation* (que então estavam nascendo), de outro, descrever as características e os efeitos intrínsecos dessas novas tecnologias comunicativas. Trata-se, portanto, de uma avaliação, especialmente dos aspectos sociopsicológicos, das novas tecnologias de comunicação empregadas nos locais de trabalho; por exemplo, questionava-se qual poderia ser o efeito de uma comunicação inteiramente baseada no texto, em que necessariamente faltam os gestos e as expressões do rosto, que na comunicação *face to face* acompanham as palavras.

Trata-se de um modelo inspirado nos conceitos de *social presence* (presença social) e *media richness* (potência das mídias), desenvolvidos por Short e Williams (1976). A ideia de Short era que a CMC se "caracterizava por um nível de presença social muito baixo, uma vez que é desprovida dos elementos não verbais que caracterizam a comunicação face a face".

Com "presença social", Short pretendia exprimir a percepção, por parte do usuário de um meio de comunicação, da capacidade do meio de oportunizar a presença de sujeitos comunicantes, enquanto entendia "potência das mídias" como a capacidade do meio de comunicação de ligar entre si diversos temas, torná-los menos ambíguos e oferecer a possibilidade de aprendê-los em um certo intervalo de tempo.

Justamente desses conceitos nasce, cerca de dez anos depois, o modelo *reduced social cues* (RSC), cuja tese de fundo é que a comunicação via computador seja intrinsecamente pobre, uma vez que lhe faltam os canais metacomunicativos (gestualidade, entonação da voz etc.) típicos da comunicação *face to face*.

O imediatismo da comunicação por computador e a falta dos elementos típicos de *feedback* poderiam criar problemas de coordenação e de plena compreensão das mensagens.

O problema está no fato de que a comunicação ocorre em um "vácuo" social em que as palavras são a única realidade: nesse caso, em um mundo feito de palavras, estas não representam só a informação, mas também a ação; pense no fato de que a própria identidade daqueles que interagem é ligada a uma descrição escrita na tela de um computador. É justamente nesse "vácuo" social que a identidade dos sujeitos envolvidos tenderia a desvanecer até desaparecer.

Segundo Dubrovsky (1991), o fato de que os indicadores sociais (*social cues*) sejam reduzidos levaria também a uma incapacidade de reproduzir em rede as diferenças sociais e de *status* e, portanto, a um substancial nivelamento nas relações, conhecido como *status equalization effect*.

Nesse caso, assistir-se-á a um nivelamento das capacidades de influência social por parte dos atores, devido ao fato de que as diferenças de *status* permanecem latentes.

A interação por meio de computador levaria, além disso, a um estilo comunicativo mais livre e informal, por causa da velocidade da mídia e da ausência de normas que regulem a interação. As pessoas que interagem via computador são isoladas das regras sociais e se sentem a salvo do controle e das críticas; justamente isso as faz sentir menos inibidas nas relações com os outros.

Parece inclusive confirmada a hipótese de *status equalization*, também essa formulada por Dubrovsky, que leva então a considerar que a CMC possui efeitos intrinsecamente democratizantes. A consequência derivante disso seria, portanto, uma "democratização" das relações sociais a favor dos grupos minoritários, mas é preciso dizer que não faltam os críticos de tal teoria, que sustentam o contrário; de fato, há numerosas pesquisas que demonstram a tendência ao mantenimento das barreiras preexistentes de *status*, desmentindo assim a pretensão de nivelamento social (Galimberti e Riva, 1997).

O efeito de "equalização" a que se refere Dubrovsky seria então devido à ausência de informações sociais intrínseca à mídia. Em outras palavras, a limitada largura de banda, ou seja, a quantidade de informações que a mídia é capaz de veicular na unidade de tempo limitaria a qualidade e a quantidade das informações transmitidas pela CMC.

Nesses termos, portanto, pode-se dizer que a CMC se apresenta, desde o início, como uma comunicação não hierarquizada, reticular, fragmentada. A distância, também formal, entre indivíduos, grupos e instituições se reduz a favor de uma comunicação horizontal. Características como classe, raça, gênero, idade, modo de vestir-se podem ter um efeito determinante sobre a duração e a qualidade de uma interação face a face. Na CMC, tudo isso é ausente ou não influente. A interação ocorre somente com base naquilo que os usuários escrevem. A falta de barreiras sociais torna potencialmente mais fácil o desenvolvimento de relações personalizadas que vão também além da esfera da intimidade (Thompson, 1978, cap. 3).

Existem esquemas interpretativos mais recentes como o "modelo Side" (*social identity de-individuation*), o "modelo do contexto social" e o conceito de "ação situada", os quais afirmam que os efeitos da CMC não são unívocos e monolíticos, nem necessários; estes dependem antes da valência simbólica e do "clima" social gerado em um grupo peculiar de pessoas e num momento peculiar; vejamo-los brevemente.

a) O modelo *Side* (*Social Identity De-Individuation*)

O modelo *Side* se desenvolveu a partir dos anos 1990, com Russel Spears e Martin Lea, os quais fazem referência a teorias e conceitos próprios da psicologia social (Spears e Lea, 1994).

Segundo Spears e Lea, a largura de banda de um meio de comunicação não influencia a sua capacidade de transmitir indicadores sociais. Por isso, na abordagem RSC se confundiria a dimensão social com a interpessoal (cf. também Paccagnella, 2000, cap. IV).

A largura de banda limitaria, portanto, somente a transmissão dos códigos não verbais (gestos, expressões do rosto). Quanto aos outros indicadores sociais, também na CMC é possível encontrá-los no cabeçalho, na assinatura das mensagens (sexo, pertencimento à instituição, interesses pessoais), ou seja, naquelas que se definem como informações de categoria(as).

Os sustentadores do modelo *Side* distinguem entre identidade pessoal (resultado da elaboração interna que corresponde à imagem que o sujeito tem de si) e identidades sociais (isto é, a imagem que o sujeito dá de si nos processos de interação e de comunicação) de um indivíduo.

A tese de fundo dos sustentadores do modelo *Side* é que, na interação via computador, no momento em que se enfraquece a identidade pessoal, se reforça a identidade social. Isso depende do contexto social em que ocorre a interação. Se o contexto envolve os atores como simples indivíduos, na verdade se reforça a identidade pessoal (Paccagnella, op. cit., cap. IV).

Já quando o contexto privilegia a identidade social, os atores tendem a observar principalmente as normas do grupo de referência e isso é muito importante na rede, visto que muitos agregados sociais são imediatamente identificáveis, por exemplo, com base em interesses comuns.

Escapando à lógica determinística, o modelo *Side* não aceita nem mesmo a tese da democraticidade intrínseca da mídia, sustentando, ao contrário, que a CMC possa até mesmo constituir um instrumento de controle social.

b) O "hiperpessoal"

Outro modelo teórico (Walther, 1996; Paccagnella, op. cit., p. 32-8) que se opõe ao RSC é denominado teoria *hyperpersonal*. Na realidade, a denominação originária da teoria é SIP (*social information processing*).

A ideia de fundo é que a CMC (ao contrário do que sustentava a abordagem RSC) não seja fria e impessoal, mas se apresente tão sobrecarregada de conteúdos sociais que possa ser denominada "hiperpessoal".

A teoria *hyperpersonal* contesta a validade dos experimentos de laboratório realizados no âmbito da RSC, apresentando uma motivação ligada ao fator temporal.

De fato, em tais experimentos os indivíduos em primeiro lugar têm à disposição um lapso de tempo limitado para interagir; em segundo lugar, são escassamente motivados, uma vez que em laboratório não se criam expectativas de interação futura, como ocorre normalmente nas interações naturais.

O problema da CMC, portanto, é de caráter temporal: essa é uma comunicação consideravelmente mais lenta do que a face a face; requer mais tempo para desenvolver um certo grau de socialidade.

Os maiores expoentes do modelo *hyperpersonal* acreditam que a CMC não possa ser considerada intrinsecamente pobre do ponto de vista social. Aliás, afirma-se que a CMC possa veicular o mesmo grau de socialidade da comunicação face a face, ou até um grau mais alto.

O desenvolvimento de tal nível de socialidade requer um certo tempo: ou seja, devem-se criar aqueles *standards* comunicativos e aquelas convenções linguísticas que veiculam também as metalinguagens comunicativas.

Na CMC são muito interessantes os aspectos relativos à construção da realidade social. Sendo o *feedback* mais mediato que na interação face a face, é mais fácil que se verifique o fenômeno que Walther (op. cit.) define como "behavioral confirmation", isto é, que as expectativas que se criam em rede sejam reforçadas ou confirmadas, em vez de não aplicadas. Isso significa que se, por exemplo, um interlocutor parece "simpático" ou "antipático" aos olhos de um outro, a tendência será a confirmação ou o reforçamento de tais convicções, em vez de a mudança de opinião.

Em outras palavras, trata-se da chamada "profecia que se autorrealiza" de Thomas, segundo a qual se os homens definem as situações como reais, elas são reais nas suas consequências.

Aplicando tal princípio ao exemplo anterior, compreende-se como os esquemas interpretativos adotados pelos indivíduos podem ter consequências no seu comportamento, mesmo em uma interação virtual.

A chamada teoria *hiperpessoal* da CMC, portanto, poderia ser enquadrada mais como "hipersocial", uma vez que considera a comunicação via computador como possível agência de uma socialidade ainda maior em relação àquela que se desenvolve tradicionalmente.

c) O modelo do "contexto social" ou da ação situada

Existe uma outra abordagem à CMC que poderia ser definida como "etnográfica", visto que acentua a importância do contexto social.

Mantovani apoia tal abordagem, considerando a posição de Sproull e Kiesler (em Mantovani, 1995, cap. 2), segundo a qual a CMC ocorre em uma espécie de vácuo social, inaceitável, dado que termina por reduzir o social a uma "forma qualquer de conexão entre os indivíduos". Para estar fora do contexto social, não basta estar só em uma sala: uma relação que, para Sproull e Kiesler, é tecnológica, unívoca, generalizada e unidirecional, pode ser vista, por outro lado, como sociotécnica, multíplice, dependente do contexto e circular (depende do tipo de grupo e do tipo de contexto em que será a experiência de quem se comunica via CMC, será uma experiência diferente de acordo com os diferentes contextos e grupos de referência, as respostas das pessoas e dos grupos retroagem na rede, modificando-a).

As origens da teoria do "contexto social" estão nos estudos de Suchman (1987), o qual desenvolve o conceito de "ação situada", sustentando que a ação é uma adaptação do sujeito ao contexto em que se encontra; a abordagem da ação situada não separa a ação das circunstâncias em que se verifica, mas quer estudar como os indivíduos usam as circunstâncias para desenvolver um "percurso de ação inteligente".

Sempre mais distantes de uma concepção determinística dos efeitos intrínsecos da CMC, os defensores da teoria do contexto social se concentram no contexto em que acontece a comunicação, nas diversas modalidades com as quais o contexto influencia as representações e nas interpretações que os atores dão das próprias ações.

O contexto é definido como *dinâmico* e *multinível,* em contínua evolução, no qual o patrimônio cultural e as estruturas cognitivas orientam a ação dos indivíduos nas trocas comunicativas.

O contexto resulta, portanto, "instável, visto que os modelos culturais são constantemente transformados pelas ações e pelas escolhas dos sujeitos. Além disso, esse não é somente físico, mas também conceitual: os atores percebem as situações através dos modelos apresentados pela ordem cultural e agem de acordo com aqueles" (Mantovani, op. cit., cap. 2).

Mantovani desenha um modelo do contexto social feito em três níveis (interconexos e interdependentes) que pode ser lido do seguinte modo:

1. Contexto social em sentido mais geral.

2. Situações de vida cotidiana.

3. Interação local com o ambiente.

São possíveis duas formas de interpretações do modelo anterior: no primeiro caso, pode-se dizer que o contexto social geralmente fornece os elementos que permitem interpretar as situações em que se formam os objetivos que orientam a ação local com o ambiente por meio dos artefatos.

No segundo caso, adotando uma leitura alternativa do modelo, pode-se dizer que as práticas cotidianas interagem com os artefatos e podem integrar-se no contexto social em geral, favorecendo a adaptação deste último às mudanças produzidas pelo agir cotidiano. Trata-se de um modelo que liga entre si as situações, normas sociais e uso dos artefatos informáticos.

Existe, portanto, uma relação circular entre ação e contexto, para a qual a ação adquire significado somente em um determinado contexto simbólico, o qual, por sua vez, é continuamente modificado pela ação humana.

É muito importante notar como no modelo anterior a comunicação não é mais entendida como simples troca de informações, mas também como câmbio de significados, os quais, como já foi dito, constituem um elemento fundamental da interação humana.

O "relativismo" próprio de tal abordagem se contrapõe consideravelmente ao "determinismo" típico do modelo RSC, contestando também a ideia da chamada "democraticidade" intrínseca à mídia.

Na realidade, a CMC não pode ser considerada um instrumento que determina comportamentos mais ou menos democráticos, mais ou menos desviantes etc., uma vez que estes dependem de múltiplos fatores, entre os quais, não menos importante, está justamente o contexto social dentro do qual a ação se situa.

3. Interações sociais estruturadas: as "comunidades virtuais"

As comunidades virtuais (ou *on-line*) constituem um importante e específico território de interação, finalizada em rede, e compreendem não só aspectos interpessoais em geral, mas também se declinam de modo diversificado segundo funções, lógicas e práticas de aprendizagem, de profissionalidade em sentido lato, organizativas, de governança e de *business*, de aprendizagem e desenvolvimento de conhecimento.

É útil ler o fenômeno da "virtualização da identidade" à luz das mudanças que o próprio conceito de identidade sofreu no decorrer da Idade Moderna. É de se notar como a modernidade conduziu progressivamente ao fenômeno da midiatização das esferas existenciais, que transfigura a relação individual com a realidade, orientando-a em direção a modalidades sempre mais atrativas e simbólicas e sempre menos referenciais e "naturais". A capacidade de fazer experiências, evidencia Thompson, de fato, separou-se progressivamente do encontro: "com o desenvolvimento das sociedades modernas sobrevêm, a alimentar o processo de autoformação da identidade, quantidades crescentes de materiais simbólicos mediados, fato que estende extraordinariamente o leque das opções a indivíduos e distende — sem contudo rompê-lo — o vínculo entre autoformação e ambiente compartilhado" (Antonini, in Pacelli, 2004).

É nesse contexto de modificação estrutural "tecnológico-social" que surgem as comunidades virtuais, como novas formas de organização dos processos de comunicação, socialidade, interação profissional, formativa e de *business* em sentido lato.

A natureza distribuída do saber representa um traço distintivo da comunidade em relação às formas organizativas tradicionais, fundadas pela oposição entre centro e periferia; o saber é continuamente enriquecido pela experiência e a torna um dispositivo de aprendizagem social.

As comunidades podem ser classificadas em duas tipologias: comunidades tradicionais e comunidades virtuais. As primeiras são conhecidas como modernização da sociedade, fundadas no indivíduo como participante titular do consórcio civil; as comunidades virtuais podem ser definidas como "a distribuição de pessoas e conhecimentos no espaço e no tempo".

As diferenças fundamentais entre as duas estruturas são indicadas no quadro a seguir; em uma acepção ampla do termo, as comunidades virtuais são definíveis "como agregações sociais que emergem da rede quando um número de pessoas leva adiante discussões públicas por um tempo suficientemente longo até formar retículos de relações sociais" (Rheingold, 1993, p. 5).

Até hoje, as comunidades constituíram agregações com acentuada conotação espontaneísta; o desenvolvimento impressionante do www e a abertura da rede aos operadores comerciais estão modificando profundamente o cenário de referência, evidenciando uma variedade de fenômenos emergentes, heterogêneos entre si para finalidades e dinâmicas internas.

Comunidades tradicionais	Comunidades virtuais
Memória coletiva tácita e radicada	Memória em construção (*knowing*)
Alta confiança recíproca	Confiança recíproca fraca
A relação de base é *face to face*	As relações são mediadas pelas TI, positivas para "manter" uma relação, mas menos boas para "construir" o vínculo
Suporte social recíproco forte	Suporte social recíproco fraco
Compartilhamento de sentido (*sense shared*)	Construção de sentido (*sense making*)
Fronteiras rígidas	Fronteiras autoconfiguradas
Preponderância da recordação	Centradas na aprendizagem
Estáveis	Precárias
Melhoramento adaptativo	Orientadas às mudanças
Fundamentalmente conservativas	Tendem à inovação
Estrutura de poder estratificada	Estrutura de poder distribuída e continuamente redefinida
Cada um faz algo diverso	Baseadas em modalidades de funcionamento

Fonte: Disponível em: <www.vin.unive.it>. Acesso em: 2004.

É possível fazer uma categorização do universo das comunidades virtuais, citando as características de fundo, que qualificam esse tipo de comunidades. As dimensões de referência utilizadas nesse contexto são duas: a dimensão informativa e a dimensão participativa.

A dimensão informativa de uma comunidade reflete a importância que um determinado grupo de pessoas atribui a uma base de dados comum. O compartilhamento de interesses, econômicos ou culturais, acomuna pessoas que desejam usufruir de informações relevantes para o próprio trabalho ou para qualquer outra atividade; os *sites* telemáticos, de que participam essas comunidades, são essencialmente bancos de dados cuja atratividade depende da completeza dos seus arquivos e da facilidade e velocidade de consulta.

A segunda dimensão, dimensão participativa, é provavelmente a mais enfatizada pelos sustentadores da rede: internet representa um momento de diálogo e de confronto aberto e não condicionável por sujeitos externos.

Isso de forma geral; porém, em diversas partes, delimitam a ideia, a previsão ou o temor de que o desenvolvimento das "comunidades virtuais" seja destinado com toda probabilidade a influenciar maciçamente o futuro da vida social e relacional dos indivíduos. É óbvio que será assim, mas tal obviedade conduz a maior parte dos observadores a contrapor-se com relação à essência e à qualidade de tal influência, a respeito do que acontecerá com as comunidades "reais", a dividir-se, em prática, sobre possibilidade e capacidade de as novas comunidades *on fine* substituírem a vida "verdadeira" (adjetivo realmente utilizado). Em certos casos, a contraposição é evidente a ponto de se tornar dramática e coloca em jogo, até mesmo, a própria possibilidade de o homem manter uma vida social e afetiva.

> Existe um medo substancial e mais que saudável: o medo de dar vida a uma sociedade da informação que se caracteriza como sociedade do isolamento, em que o contato humano é cada vez mais substituído pelas comunicações eletrônicas. Uma perspectiva opressiva e certamente assustadora. [...] Se o medo é de perder as relações sociais próprias de toda vida plenamente humana, não adianta suprimi-la (Colasanto, 1997).

A primeira consequência produzida pelo sucesso das "comunidades virtuais" (ou comunidades *on-line*) é o crescimento dos momentos de interação "atípicos", que não respeitam os principais requisitos da comunidade tradicional.

Pela primeira vez na história da socialidade, de fato,

> [...] vão-se difundindo comportamentos de interação social absolutamente indiferentes àqueles fatores que desde sempre caracterizam e limitam o próprio conceito de comunidade: a colocação espacial, a contiguidade física, o compartilhamento de um território, que é, ao mesmo tempo,

instrumento de aceitação na comunidade e de exclusão de quem não conhece suas sinuosidades: se está determinando uma transição da coletividade indiferenciada daqueles que utilizam um instrumento de avançada tecnologia à estruturação sempre mais precisa de uma série de "comunidades" fundadas na troca de informações e de opiniões, que agem fora dos vínculos que tradicionalmente delimitavam as fronteiras de uma comunidade (Prattico, 1999, p. 6).

O fato substancial, que distingue nesse sentido entre "nova" e "velha" comunidade, é que o desenvolvimento das redes telemáticas atravessou os tradicionais parâmetros espaçotemporais no mundo interconectado de hoje. O "vizinho" não é mais quem vive a poucos quilômetros, mas quem "responde" em pouco tempo. A "distância" não é mais uma questão de espaço, mas somente de tempo e coincide com a velocidade dos *bites* produzida pela força das interconecções. Assim ocorre que o concidadão dotado de uma "conexão fraca", em mal estado, permanece bem mais distante da pessoa de além-mar com a qual troca cotidianamente e em tempo real opiniões, fotografias e objetos virtuais.

Pode-se pensar, então, que o poder da discriminação, que na comunidade tradicional é atribuído principalmente ao conhecimento do território e que contribui à direção e ao sentido desta, transforme-se, na comunidade *on-line,* em compartilhamento de um "território" ideológico, ou ao menos ideativo, em que os interesses comuns sejam o "colante" da interação.

E mesmo assim, observando bem, essa ideia provém ainda do hábito de pensar a comunidade social de maneira tradicional. Muitos estudiosos das comunidades "virtuais", de fato, afirmam que simplesmente incrementando a *conectividade,* a *comunidade* aumenta em igual medida.

Em particular, segundo De Kerckhove (1999), os dois termos (conectividade e comunidade) podem ser considerados sinônimos: seria suficiente ter a primeira para fazer parte da segunda. Nessa concepção da comunidade, como se nota, não só desaparece "território", já que a distância não é mais tal, mas também a função discriminante que detém. Aprendendo a ver a comunidade como conectividade, de fato se perde o poder de discriminar (resiste só a separação estrutural com quem não está mesmo conectado) e parece atenuar-se o próprio sentido da comunidade.

Mas tudo isso, observando bem, é também a força dessas "comunidades", o "segredo" do seu sucesso, que se funda antes de mais nada no vetor centrípeto da atração, do envolvimento, da integração:

> [...] existe uma grande diferença entre a conectividade eletrônica e a comunidade tradicional, social ou política. Essa sim é sempre baseada na inclusão de alguns e exclusão de outros. A conectividade, por sua vez, não distancia ninguém. Em rede há muita gente, mas o indivíduo não é fagocitado ou rejeitado. [...] O segredo é que a rede consegue fazer com que convivam no plano psicológico duas coisas geralmente inconciliáveis como o são indivíduo e massa. Cada elemento em rede participa da multidão sem temer a força do número, e a multidão participa dele sem sufocá-lo. Esse é justamente o que eu chamo conectividade (Ibidem).

É bem clara a diferença entre a conectividade eletrônica e a coletividade no sentido social e político. A comunidade tradicional, de fato, se define pela exclusão e nesta baseia seus critérios de pertencimento. Enquanto a comunidade "virtual" utiliza modos diversos para definir o seu senso de existência, a própria direção, ao que parece. Provavelmente não é fácil identificar quais são.

Podem-se distinguir facilmente dois conceitos, mesmo se expressos de maneira diversa, que podem ser assumidos como critérios de base comuns a toda *virtual community*, na construção de uma interação "sensata". Podemos, então, identificar os termos de *"pertencimento/exatidão"* (Ibidem).

O primeiro consiste na capacidade de uma comunidade interagir construindo uma correta correspondência entre demanda e oferta de interação e aprendizagem, unindo-se em torno de um fato ou um tema que interesse adequadamente a ela. É bem claro como podem ser "pertinentes" as comunidades desenvolverem um interesse comum: político, médico, lúdico, de estudo, de pesquisa, de voluntariado etc. Porém, existem muitas *community* peculiares, que mantêm tal pertinência, mas cujo interesse de base é difícil identificar; assim como alguns grupos de pessoas, por exemplo, associações de mútuo socorro, que mesmo possuindo uma evidente finalidade comum, não conseguem estruturar uma comunidade de interação "pertinente". Em suma, a comunidade "virtual" é "pertinente" quando funciona; se não o é, não funciona mais.

A segunda característica de todas as comunidades "virtuais" é a "exatidão", isto é, a sua razão de ser é continuamente convalidada e, precisamente, em todo instante em que ocorre interação. É uma característica que provém diretamente da redução das distâncias e dos tempos de atravessamento permitido pelas redes e que na internet é identificado com o conceito do *just in time*.

4. Sobre comunidades para ensinar e comunidades para aprender como "comunidades de prática" de conhecimento

As comunidades para ensinar (Costa e Rullani, 1999) se caracterizam por uma metodologia didática tradicional de tipo *teaching*, ou seja, o conhecimento é totalmente depositado nos formadores, que o transmitem através de mídia e sistemas multimídias aos discentes, os quais o adquirem, seja por meio de um processo de recomposição cognitiva dos saberes, seja por meio das relações que instauram com os outros formadores.

As comunidades para ensinar representam seguramente um dos elementos de sucesso dos projetos de formação a distância, mas isto significa apenas uma etapa intermediária de um processo que, ao término, deve visar à construção da comunidade para aprender (*community of practice*).

Primeiramente é preciso ressaltar como as comunidades para aprender são típicas da formação profissional (*training*) mais do que da formação escolar (*educational*).

Nas comunidades para aprender, o saber e o conhecimento não são de competência exclusiva dos formadores (em senso específico, mas também em senso geral, ou seja, sujeitos portadores institucionais/institucionalizáveis de conhecimentos/competências), como ocorre nas comunidades para ensinar, em que se tem fundamentalmente um processo unidirecional de transmissão de conhecimento formadores-discentes (as relações entre os participantes, mesmo sendo importantes, estão certamente em segundo plano, dado que visam a cumprir funções de explicitação e explicação dos conhecimentos transmitidas pelo formador), mas cada participante possui sua própria bagagem de conhecimentos, que deriva diretamente da ação, ou seja, que deriva do enfrentar e resolver, na sua atividade cotidiana, problemas complexos.

A aprendizagem em ambientes virtuais (Valentini e Soares do Sacramento, 2005) oferece uma série de oportunidades que vão além da simples aquisição de conteúdos: de fato, o confronto entre perspectivas, que nasce do trabalho intelectual conjunto, assim como a absoluta reciprocidade e auto-organização permitem não só uma "absoluta" ativação de energias cognitivas, mas também o superamento de conflitos/dissonâncias cognitivas e, consequentemente, um ulterior progresso na aprendizagem/conhecimento, influenciando realmente e em primeiro lugar o que poderíamos definir como a "aprendizagem da aprendizagem". Em outros termos, a aprendizagem em ambientes virtuais e, também, os "ambientes virtuais de aprendizagem" (Schlemmer, in Valentini e Soares do Sacramento, op. cit.), baseando-se, de fato, principalmente em formas de interação, é uma aprendizagem "total", no sentido que pode perfeitamente se realizar, satisfazendo as principais condições por meio das quais é possível realmente falar de uma "aprendizagem verdadeira" (seja individual, seja em grupo), como:

- conhecer intelectiva e conceitualmente aquilo que anteriormente não se conhecia;

- o desenvolvimento de habilidades/comportamentos consequentes do que foi descrito anteriormente;
- a capacidade de aplicar novas combinações de habilidades/ conhecimentos e, portanto, de desenvolver keynesianamente a criatividade (AA.VV., 1993, p. 69).

Enfim, recapitulando, a aprendizagem que se realiza em ambientes virtuais, aprendizagem exclusivamente "andragógica", assume uma eficácia particular porque, como foi indicado anteriormente, se baseia:
a) no sistema de relação;
b) nas lógicas de compartilhamento e reciprocidade;
c) nos estímulos contínuos e na possibilidade de auto-organização deles em um quadro estruturado continuamente atualizável, uma vez que é "aberto";
d) na criatividade, certamente não apenas autorreferencial, mas também essa "aberta", justamente porque de fato não limitável a específicos "horizontes".

A posse por parte de cada um dos indivíduos de um próprio sistema de saberes específicos, contextuais, únicos e (frequentemente) não facilmente reproduzíveis dá vida a um complexo sistema de relações entre todos os participantes, para o compartilhamento desses conhecimentos, em outros termos, uma espécie de *capital social intelectual*.

Esse complexo sistema de diálogos de geometria variável (não predefinidos, diferentemente do que ocorre na comunidade para ensinar, em que são fundamentalmente unidirecionais) sustenta não somente o processo de compartilhamento dos saberes específicos e únicos de cada um dos participantes, mas é também precondição de um processo de criação de novo conhecimento.

Isso não significa que não haja ainda processos de transmissão do conhecimento de tipo *teaching* que sejam mantidos, mas com um papel secundário em relação ao processo de aprendizagem, que deriva do processo de interação das competências e dos saberes de cada participante.

As comunidades para aprender representam, portanto, um lugar de criação e difusão de novo conhecimento, que deriva da interação de sujeitos propositivos e ativos, em qualidade de portadores e criadores de conhecimento, diferentemente do que ocorre nas comunidades para ensinar, em que os discentes são meros receptores, e frequentemente repetidores, de saberes preparatórios e confeccionados.

O elemento de compartilhamento que une os componentes de uma comunidade é a *practice*. Com esse conceito se conota realização de uma atividade/ação profissional, que não deve ser interpretada apenas como "atividade-em-quanto-tal", mas como atividade colocada em um determinado contexto histórico e social, que dá estrutura e significado à atividade desenvolvida; então seria mais correto falar de *social practice* (Costa e Rullani, op. cit., p. 23).

O conceito de *practice* inclui aspectos tácitos e explícitos, o que foi dito e o que não foi dito, o que é representado e o que é previsto. Inclui a linguagem, os instrumentos, os conteúdos, as imagens, os símbolos, os papéis bem definidos, os critérios específicos, os procedimentos codificados e os contratos que uma atividade (*practice*) requer. Mas, ao mesmo tempo, inclui também todas as relações implícitas, as convenções tácitas, as sugestões imperceptíveis, as regras não ditas, as intuições reconhecíveis, as percepções específicas, os conhecimentos incorporados, os pontos de vista compartilhados, que muito dificilmente (ou quase nunca) poderiam ser sempre e de modo claro articulados e estruturados, mas que representam inconfundíveis sinais de pertencimento a uma *community of practice* e que lhe garantem o funcionamento.

A aprendizagem é o motor da *practice*, e a *practice* é o resultado daquela aprendizagem: consequentemente as comunidades de aprendizagem têm um ciclo de vida que reflete tal processo. As comunidades se unem (nascem), se desenvolvem, se transformam, se disperdem de acordo com os tempos, as lógicas, os ritmos e a energia social do seu aprendizado.

Uma *community of practice*, portanto, mais que uma comunidade de sujeitos que aprende, *é uma comunidade que aprende*. Os sujeitos que a compõem não se limitam a compartilhar e a beneficiar-se das experiências de outros, mas são chamados a desenvolver juntos práticas "melhores"; são, em outros termos, uma absoluta possibilidade de realização da "sociedade do conhecimento".

O conhecimento, portanto, é certamente o recurso estratégico do milênio, mas, para permitir que possa tornar-se riqueza, isto é, produto, deve-se fazer com que seja amplamente acessível e utilizável.

Nesse sentido, é necessário então recordar as características estruturais de um processo-tipo de criação/desenvolvimento de conhecimento.

a) Dados, informações e conhecimento

Definidos brevemente por Rob Van der Speck (2000) como "símbolos que ainda não foram interpretados", segundo os trabalhos de Devenport e Prusak (1998), os dados organizativos são geralmente caraterizados por uma série de fatos discretos e objetivos concernentes aos eventos e ao mundo. A maior parte das organizações recolhe uma quantidade de dados significativos em *databases* altamente estruturados. Além disso, a maior parte das sociedades obtém em fontes externas as informações demográficas, as estatísticas competitivas e de outra natureza concernentes ao mercado. A atividade central, que fornece valor agregado às empresas, consiste na capacidade de analisar, sintetizar e, portanto, transformar os dados em informações e conhecimentos.

As informações "são dados aos quais foi atribuído um significado" (Idem, ibidem), são o resultado final de um trabalho de individuação e contextualização das experiências e das ideias. As informações, ou experiências explícitas, são normalmente arquivadas como conteúdos semiestruturados em documentos. A atividade central que permite aumentar o valor agregado das informações consiste em gerir o conteúdo de modo que ele possa ser facilmente localizado, reutilizado e, no aprender com as experiências, os erros não se repetem e o trabalho não é duplicado.

Segundo uma interpretação absolutamente aceitável, o conhecimento humano faz parte de duas categorias: o conhecimento tácito e o conhecimento explícito. Frequentemente consideradas contrapostas, são, ao contrário, unidades constitutivas fundamentais em relação de complementaridade recíproca (Nonaka e Takeuchi, 1995).

O conceito de conhecimento tácito (*tacit knowledge*) foi há tempos elucidado por Polanyi (1966); ele coloca em evidência a importância de uma modalidade "pessoal" de construção do conhecimento, influenciada pelas emoções e adquirida ao final de um processo de criação ativa e de organização das experiências de cada indivíduo.

Quando um indivíduo conhece tacitamente, faz e age sem se distanciar das coisas e pessoas, usa o próprio corpo e tem grande dificuldade em explicar com palavras, regras e algoritmos o processo no qual está envolvido.

Conhecer tacitamente significa conhecer sem se distanciar das coisas e dos atos; a interação cognitiva entre as pessoas é caraterizada pela observação inconsciente e por proximidade social e "comunitária".

Polanyi (op. cit., p. 25) disse: "Podemos conhecer mais do que podemos exprimir"; em uma das suas teses, afirma que todo o conhecimento ou é tácito ou é baseado em conhecimentos tácitos.

Ainda segundo Nonaka e Takeuchi, seria necessário distinguir ulteriormente duas dimensões diversas de conhecimento tácito. A primeira é a dimensão "técnica" que compreende as habilidades e as capacidades difíceis de definir e, portanto, frequentemente compreendidas no termo *know-how*; são as percepções altamente subjetivas, as intuições. As previsões e as inspirações provenientes da experiência corpórea pertencem a essa dimensão.

O conhecimento tácito contém também uma importante dimensão cognitiva: esta consiste nas convicções, nas sensações, nos ideais, nas emoções e nos modelos mentais radicados em cada um de nós. Embora estes não possam ser facilmente expressos, essa dimensão delineia em nosso modo de interpretar o mundo que nos circunda.

Já o conhecimento explícito é aquele codificado, expresso segundo modalidades formais e linguísticas, facilmente transmíssiveis e conserváveis, exprimível em palavras e algoritmos; ainda que na cultura ocidental seja considerado o conhecimento principal, ele representa só a ponta do *iceberg* do inteiro corpo do conhecimento.

Nonaka e Takeuchi (op. cit., p. 34-5) afirmam que o mecanismo da criação do conhecimento consiste em

> [...] mobilização e conservação de conhecimento tácito, ou seja, a habilidade organizativa de gerir o conhecimento individual, utilizá-lo, criar conhecimentos explícitos a fim de permitir que se desenvolva uma espiral de criação de conhecimento. Desenvolve-se uma espiral quando a interação entre conhecimento explícito é elevada dinamicamente do nível mais baixo aos níveis superiores. Uma organização deveria ser dotada da capacidade estratégica de utilizar, acumular, compartilhar e criar novo conhecimento de modo contínuo e repetido em um processo dinâmico e em espiral.

b) Conversão e criação de conhecimento

Como já foi salientado, as duas entidades do conhecimento (a tácita e a explícita) constituem entidades mutuamente complementares que interagem entre si em um contínuo intercâmbio nas atividades criativas dos seres humanos. O modelo de Nonaka e Takeuchi (op. cit.) da criação de conhecimento se baseia no pressuposto fundamental segundo o qual o conhecimento humano se cria e se difunde por meio de uma interação que pode ser chamada "conversão de conhecimento", e se trata de um processo social entre indivíduos que ultrapassa as fronteiras interiores de cada pessoa.

A hipótese segundo a qual o conhecimento se desenvolve a partir da interação entre o conhecimento tácito e o explícito permite postular distintas modalidades de conversão de conhecimento:

1. *socialização,* de conhecimento tácito a um outro conhecimento tácito;
2. *combinação,* de um conhecimento explícito a um outro;
3. *interiorização,* do conhecimento explícito àquele implícito.

A modalidade de socialização geralmente se inicia com a construção de um "campo" de interação que facilite a conversão das experiências e dos modelos mentais de quem participa. A modalidade de exteriorização é acionada por "um diálogo ou por uma reflexão coletiva", em cujo uso de metáforas ou analogias idôneas ajude os membros da equipe a formular conhecimentos tácitos, escondidos, difíceis de comunicar de outro modo. A modalidade de combinação é acionada pela "colocação em rede" de conhecimentos de nova criação ou de conhecimentos consolidados provenientes de outros setores da organização e na sua cristalização em produtos, serviços ou sistemas de gestão inovadores. A interiorização, enfim, é acionada pela "aprendizagem através da experiência".

O conteúdo de conhecimento que vem a criar-se a partir de cada uma das modalidades de conversão de conhecimento é obviamente diverso. A socialização produz conhecimento "simpatético", modelos mentais e habilidades técnicas compartilhadas; o *output* da exteriorização é o "conhecimento conceitual"; a combinação dá origem a "conhecimento sistêmico", e a interiorização, em última análise, produz "conhecimento operativo".

O fundamento da criação de conhecimento é, portanto, a capacidade da comunidade de fazer circular o conhecimento tácito individual, o qual é assim ampliado "organizativamente" por meio das quatro modalidades de conversão e cristalizado aos níveis mais altos. Pode-se indicar esse processo com a expressão "espiral de conhecimento". Neste, a interação entre conhecimento tácito e explícito se torna sempre mais ampla à medida que se procede ao longo da escala antológica. A criação de conhecimento é, portanto, um processo em espiral, que move do nível individual e prossegue envolvendo comunidades sempre mais amplas de interação, através dos limites de qualquer tipo/natureza.

Como evidencia com muita propriedade Gentili (2006), Wenger (2005) destacou o caráter social de sua teoria da aprendizagem entendida como uma estrutura que se alimenta da contínua tensão entre experiência e competência, por meio de uma negociação de significados sustentada por um contínuo processo dialógico. O termo competência, para Wenger, compreende todos os signos através dos quais os membros de uma comunidade de prática se identificam entre si, e se adquire por meio de contínua tensão inovativa com as experiências que são negociadas e reorganizadas, e pelas quais os membros de uma comunidade reconhecem uns aos outros, definindo uma identidade comum.

A abordagem do conceito de aprendizagem e, consequentemente, do de competência que essa teoria propõe enfatiza justamente o elemento da tensão contínua.

Essa tensão dinâmica é originada pelas interferências das dissonâncias que se verificam seja internamente — por meio das três dimensões do Domínio, Comunidade e Prática —, seja nas fronteiras da comunidade; pela inclusão de novos membros e pela proposta contínua de novos problemas a resolver. Efetivamente, a interação entre experiência e competência pode ocorrer, segundo Wenger, por meio de duas modalidades:

- O aprendizado: aqui é a competência da comunidade que guia a experiência do novo membro por meio de uma negociação de significados. Graças a esse contínuo processo, opera-se gradualmente um alinhamento da experiência do novo membro (aprendiz) ao regime de competência da comunidade.
- Tal tensão pode dar-se também do modo oposto: às vezes pode ocorrer que a experiência do novato guie a competência da comunidade e determine-lhe um novo arranjo e um novo realinhamento. De fato, pode acontecer que um novo membro traga consigo, para dentro da comunidade, uma nova proposta, uma nova experiência muito diferente do regime da competência presente e que com esta crie fortes dissonâncias e interferências. Caso o novo membro, pela sua legitimação na comunidade, consiga negociar sua experiência de significado, através da proposta de participação feita aos membros e à sua convincente reificação, poderá despertar o interesse de todo o grupo e, no decorrer do tempo, modificar e realinhar de modo novo o regi-

me da competência da própria comunidade, criando nova aprendizagem.

Essas duas modalidades de interação são cruciais para a evolução da prática da comunidade e, enquanto ambas determinam um equilíbrio instável e em contínuo realinhamento, garantem à própria comunidade a possibilidade de desenvolvimento e de aprendizagem.

Quando pensamos na aprendizagem que se desenvolve no interior de uma comunidade de prática, devemos operar uma distinção entre o que ocorre internamente, no "coração" da própria comunidade, e o que acontece nas suas fronteiras, na zona periférica, dado que a relação entre competência e experiência assume conotações e valências diversas de acordo com a zona em que tal relação se verifica. Na aprendizagem que se desenvolve na zona central da comunidade, ambos os elementos (experiência e competência) convergem, ambos se "impelem" reciprocamente, ambos criam uma "convergência aprenditiva".

Já na zona de fronteira, o que cria aprendizagem é a divergência desses dois elementos: nos limites de toda comunidade de prática colidem pares de experiências e competências diversas e é justamente da tensão provocada por essa complexa divergência que se cria aprendizagem, mas se trata de um processo diferente daquele que ocorre no interior da comunidade.

5. Realização de uma *community of practice*

A fim de implementar uma comunidade virtual capaz de ser, simultaneamente, o fulcro de um sistema de relações dialógicas e um ambiente gerador de conhecimento, em condições de valorizar o tecido social de um sistema produtivo, é necessário definir linhas-guia de intervenção, basicamente aquelas que determinam o bom êxito, ou seja, que fazem dessas comunidades o principal ator na economia do conhecimento no tempo das redes (Costa e Rullani, op. cit., p. 208-32).

A realização de uma comunidade requer contextualmente:

- um modelo de gestão capaz de sustentar e ajudar os sujeitos promotores do projeto de implementação de uma comunidade. Tal metodologia tem de possuir a dupla valência de representar, de um lado, o ponto de referência e o *focus* direcional que cada promotor deve seguir para a realização de uma comunidade, de outro, de não ser uma estreita grade normativa que impeça qualquer adaptação ao contexto e ao ambiente em que a comunidade está inserida;
- um modelo tecnológico: o suporte tecnológico representa um elemento essencial e crucial para conduzir a comunidade ao sucesso. A atual carência da oferta nesse setor e a necessidade de mirar à costumização, para valorizar as variedades contextuais, podem impelir os sujeitos promotores, se dispõem dos recursos necessários, a projetar e desenvolver por conta própria um *community software ad hoc*.

Detenhamo-nos agora no modelo de gestão que compreende as cinco fases seguintes:

Fase 1: Análise do sistema

Em um determinato sistema social, pode haver naturalmente uma multiplicidade de comunidades da prática, o uso dos critérios a seguir poderá permitir que se faça a melhor seleção: da mais idônea e mais relevante para a futura competitividade do sistema:

— a relevância do conhecimento comunitário;
— a intensidade e a relevância das interações entre os componentes da comunidade;
— o compartilhamento de um *set* comum de conhecimento técnico e gerencial;
— os suportes aos processos de aprendizagem coletivos da comunidade da prática.

Fase 2: Análise da comunidade

Um vez individuada a comunidade de referência, será necessário preparar e realizar uma apresentação sobre os objetivos e as linhas-guia do projeto, para ilustrar e explicitar aos possíveis usuários as valências e as potencialidades do uso das novas tecnologias da comunicação, como suporte a uma *community of practice*. Se a resposta da comunidade for positiva, será possível proceder à sua análise. Então se procederá à investigação das características distintivas e específicas da comunidade:

— individuação da tecnologia da comunidade;
— principais instrumentos de formação e de desenvolvimento de conhecimento;
— principais limites ao crescimento profissional;
— papel da interação formal e informal com outros *profissionais*;
— quais funções a comunidade desempenha.

A pesquisa se concluirá com a elaboração de um documento, que, discutido com o *panel*, constituirá a linha-guia para as fases sucessivas.

Fase 3: Projetar a comunidade virtual

A projetação da comunidade virtual tem o objetivo de analisar as demandas dos participantes da comunidade, modelando em função destas os dois principais componentes do sistema: conhecimento comunitário, papéis e interação.

• Definição do conhecimento comunitário

A projetação do modelo comunitário requer:

— projetação de uma "estante de objetos" ideais, dos quais os componentes podem servir-se para resolver problemas específicos;

— predisposição dos módulos de autoformação para quem entrar sucessivamente ou precisar ser atualizado acerca de trabalhos precedentes;
— definição dos *knowledge service* e de outros serviços adicionais;
— a identificação dos atributos-chave para categorizar o conhecimento básico;
— a projetação das regras de pesquisa para explorar o repositório.

Qualquer tentativa de projetar esses aspectos deverá ser precedida de uma clara identificação dos interesses dos componentes da comunidade, a fim de definir um sistema de material e um processo de aprendizagem que seja percebido como útil pelos componentes.

- Definição de papéis e interação

Os papéis e as interações constituem a parte dinâmica do sistema, dado que estão na base de um processo de criação de novo conhecimento, que caracterizará a evolução da comunidade.

O modelo deverá considerar:
— as diferentes tipologias de interação formal e informal, que ocorrem entre os componentes da comunidade;
— o possível *workflow* entre os membros da comunidade que poderiam cooperar diretamente;
— o processo de validação, que transforma os diálogos e as observações dos componentes da comunidade em conhecimento de base oficial.

As necessidades de garantir uma dinâmica de aprendizagem e de crescimento impõem a identificação de papéis precisos, tais como:
- *Knowledge manager*. Define a estante dos objetos, propõe temas de discussão relevantes, solicita as reflexões, fornece material, estabelece as etapas e os tempos dos ciclos aprovados que decidem a validação do saber.

- *Community leader.* Legitima as novas tecnologias e decide as temáticas. Além disso, na fase de experimentação terá parte ativa em termos de intervenções e observações.
- *Facilitador.* Representa a única interface a que os componentes da comunidade podem recorrer para aspectos organizativos, de gestão e técnicos.
- *System administrator.* Gere toda a parte tecnológica do sistema, inclusive a gestão dos acessos através de *username* e *passwords*.
- *Guest speaker.* Especialistas que são chamados para aprofundar determinadas temáticas.

Fase 4: Implementação da comunidade

É a fase de *start-up*, a fase de avio de uma comunidade virtual profissional; representa seguramente um momento fundamental e requer a execução de uma série de atividades cruciais para iniciar com sucesso a comunidade.

- Dimensão da comunidade

Um elevado número dos componentes pode representar maior dinâmica dialógica, mas, ao aumentar esse número, corre-se o risco de se criar um caos. Deve-se, portanto, mirar um equilíbrio entre essas duas exigências contrapostas, lembrando que não existe uma massa crítica ideal, mas que depende das tipologias da comunidade.

Alguns elementos úteis na definição da dimensão são:
— O tema escolhido, ou seja, a utilidade que os indivíduos podem encontrar na participação na comunidade.
— A familiaridade dos usuários com o instrumento informático.
— A cultura telemática.

É possível imaginar uma comunidade de dimensão variável, ou seja, com o passar do tempo e com a sua afirmação, pode alcançar dimensões maiores.

- Definição de um guia para os participantes

Caberá ao grupo de trabalho também a redação de um guia para o uso da comunidade virtual:

— o uso do *community software*, fornecendo um *help* aos componentes da comunidade;

— as normas de comportamento que os componentes da comunidade virtual têm de respeitar.

- Atribuição às pessoas de selecionar os papéis-chave da comunidade e prever a sua formação

Essas formas de compartilhar a experiência, por um lado, acentuam a fragilidade típica de estruturas sociais desprovidas de uma organização hierárquica interna, por outro, requerem pessoas com elevada autoridade. A individuação dessas figuras no interior da comunidade *on-line* é seguramente de importância crucial na realização de um novo ambiente de aprendizagem e de valorização do conhecimento.

Uma vez atribuídos os papéis às pessoas selecionadas, elas deverão ser treinadas para usar o *tool*, que representa o pressuposto fundamental para o desempenho da sua função.

- *Meeting* inicial e consolidação do grupo dos participantes

Oferecer aos componentes de uma comunidade a oportunidade de manter e desenvolver relações em um ambiente virtual não deve ser interpretado como o superamento das oportunidades e dos momentos de encontro físico.

A implementação de uma comunidade profissional virtual requer na fase de avio um encontro real, em que *community leader*, *knowledge manager* e o facilitador expliquem e ilustrem aos componentes da comunidade:

— quais são as motivações de tal experiência;

— as modalidades de uso da interface *software*.

Fase 5: Gestão da comunidade

Nessa fase se desenvolvem os aspectos relativos à operatividade da comunidade, em particular as estratégias de suporte de sua animação dialógica.

- Favorecer a interação dialógica entre os participantes

Para evitar que a comunidade virtual seja apenas uma hemeroteca elétrica, sem o valor agregado que sua dimensão social é capaz de gerar, em termos de aprendizagem colaborativa, é necessário definir uma estratégia, para favorecer a interação entre os participantes.

A estratégia tem, portanto, por objetivo facilitar essas relações dialógicas virtuais entre os componentes da comunidade.

Uma estratégia para favorecer diálogos e geometrias entre os participantes gira em torno de três elementos:

— objeto da discussão (melhor se sobre experiências concretas, preferivelmente em uma lógica de *role game*, em vez de materiais teóricos);

— papel do facilitador e do *knowledge manager* (perguntas de estímulo);

— tempos das atividades (limites máximos para a discussão de um determinado tema).

- Assistência contínua aos participantes

Uma vez que a comunidade foi iniciada, é necessário prever um sistema de assistência contínua, dirigido a todos os participantes, para os problemas técnicos e metodológicos.

- Prever um sistema de avaliação das *performances* da comunidade

Devem-se identificar os objetivos específicos, os critérios, as informações necessárias para a avaliação da *performance* (em termos de eficácia e eficiência) da comunidade virtual, verificando especialmente os seguintes aspectos:

— aprendizagem alcançada pelos participantes da comunidade;
— produtos cognitivos realizados e disponíveis da/na comunidade (*best practices cases* etc.);
— mudanças no número de participantes da comunidade *on-line* durante o experimento;
— mudanças na intensidade e na qualidade das interações (entre as pessoas e entre as pessoas e os recursos do sistema cognitivo);
— integração entre o conhecimento tácito e explícito da comunidade e o conhecimento externo.

- Aprender com a experiência para uma contínua melhoria

A monitoragem contínua do experimento, por meio dos instrumentos de avaliação citados anteriormente, permitirá gerar *feedbacks*. A análise final conterá a pesquisa e a avaliação dos dados sobre o andamento do experimento, além de coletas *ad hoc*, provavelmente por meio de questionários e entrevistas dirigidos aos participantes. Todas essas informações permitirão, portanto, corrigir as eventuais lacunas e imperfeições que emergiram durante o experimento, para melhorar a valência econômica e competitiva das comunidades virtuais.

Conclusões

Como se disse anteriormente e como ulteriormente demonstrado em uma recente e concluída pesquisa (Mormino, 2008), o conceito de comunidade (*on/off-line*) se baseia na ideia de que uma série de indivíduos, com base em práticas de aprendizagem e profissionais compartilhadas, estruturem espaços sociais complexos em que venham a encontrar-se, interagir e desenvolver processos sócio-relacionais, aprendizados comuns, identidade comum, pertencimento, e o *corpus* dos saberes codificados e reconhecidos, os valores, as linguagens e os saberes que os agrega e os tornam capazes de trocar e desenvolver conhecimentos, bem como inovação.

As comunidades *on-line* se valem também das grandes oportunidades oferecidas pelas *Information and Communication Technologies* (ICTs) e vêm a constituir-se como verdadeiros e próprios sistemas de inteligência distribuída; de fato, em tais comunidades *on-line* as tecnologias da informação e da comunicação permitem que indivíduos geograficamente/temporalmente "dispersos" se comuniquem, interajam, colaborem reciprocamente, aprendam.

As comunidades se configuram, portanto, como "instrumentos" aptos a gerir a complexidade da experiência e as exigências de aprendizagem contínua que caracterizam (agora de modo definitivo) a nossa "sociedade do conhecimento".

Portanto, segundo os processos específicos e distintivos das comunidades, o saber produzido por cada um dos indivíduos é transferido ao interior da própria comunidade e sucessivamente reconstituído e recodificado com resultados absolutamente sinérgicos; realmente a interação permite tornar explícito o conhecimento tácito e a sua definitiva valorização.

Mas, além de tudo isso, já absolutamente importante e significativo, é útil também a uma mais ampla conceitualização de uma mentalidade estratégica que o conhecimento (desenvolvido, valorizado e distribuído) tem para o desenvolvimento não só de importantes aspectos peculiares das sociedades, como também do desenvolvimento global das próprias sociedades.

2
Origens e fundamentos da tecnologia de metaverso

Eliane Schlemmer

Nós criamos o mundo no qual vivemos, vivendo-o.

(Humberto Maturana)

Introdução

A tecnologia de metaverso — um híbrido entre ambientes virtuais de aprendizagem, jogos, comunicadores instantâneos —, de certa forma inaugurou a popularização do uso de realidade virtual (RV), a qual se apresenta de forma simples e acessível, por meio de *softwares*, tais como: *Active Worlds* (AW), *Second Life* (SL) e, mais recentemente o Cloud Party[1]

---

1. Desenvolvido em 2012 (em sua primeira versão Beta) por Cory Ondrejka (um dos criadores do *Second Life* e que agora trabalha no Facebook), e Cryptic Studio's ex-CTO Bruce Rogers. O CloudParty consiste numa aplicação, vinculada ao Facebook, que permite a criação de MDV3D e representação via avatar.

e plataformas de *software* livre como *OpenSimulator* (OS), *Wonderland*, entre outros. Esses *softwares* possibilitam a criação de mundos digitais virtuais, que se "materializam" na construção colaborativa de representações gráficas em 3D, das mais diversas formas e precisam da ação humana para "vir a ser". São apontados por especialistas que investigam diferentes tecnologias digitais e seus impactos na sociedade como um marco na internet que pode ser comparado com a criação da *World Wide Web* (www).

Rosedale, criador de uma das mais utilizadas tecnologias de metaverso, o *Second Life*, acredita que os MDV3D, construídos nos metaversos, podem evoluir de forma biológica e ser autorregulados, pois são *e*-habitados por avatares — representação digital virtual dos sujeitos no MDV3D, uma espécie de "corpo tecnológico digital", por meio do qual o sujeito pode agir e interagir utilizando diferentes linguagens: textual, oral, gestual e gráfica, no seu viver e conviver nesses mundos. Assim, os sujeitos constroem um "eu digital virtual", uma "identidade digital virtual" na interação com o mundo e com os demais e-habitantes — outros avatares e, por meio dela, criam também uma "vida digital virtual" ou, como no caso do *Second Life*, como o próprio nome sugere, uma "segunda vida".

É justamente em função dessas possibilidades que as tecnologias de metaverso têm despertado o interesse de diferentes tipos de organizações sociais, as quais buscam compreender esse "novo mundo", de acordo com seus interesses específicos. Empresas como IBM, Nike, Apple, Volkswagen, Philips, Intel, Petrobras, Pegeout, entre outras, estiveram ou estão presentes nesse "mundo" e exploram as suas potencialidades relacionadas ao *e-commerce*, publicidade, propaganda, marketing, gestão de pessoas (recrutamento, seleção e educação corporativa e desenvolvimento) e o chamado *v-Bussines*. Em universidades e centros de pesquisa, áreas como a Educação, a Comunicação, a Computação, a Sociologia, a Psicologia, a Neuroeducação, entre outras, instigadas pela discussão da relação homem-máquina, ou dito de outra forma, pela interação entre uma máquina autopoiética (ser humano) e uma máquina alopoiética (computador), bem como pelos acoplamentos que surgem na interação (Maturana e Varela, 2002), buscam investigar aspectos relacionados a essa "virtualidade real", a essa "vida digital virtual", a fim de compreender o fenômeno.

Segundo os criadores do SL, os acadêmicos são pioneiros no uso e na pesquisa em metaverso, professores-pesquisadores constituem o público que melhor soube aproveitar o advento dos mundos virtuais, na opinião de Cory Ondrejka, um dos fundadores da Linden Lab.

> Os professores constroem primeiramente um *campus* virtual, tentam geralmente replicar uma sala de aula convencional no SL, com mesas, cadeiras e paredes... mas com o tempo acabam percebendo que esse mundo permite tipos diferentes de movimento e de comunicação. Você percebe que em um mundo onde você possa voar, as salas de aula realmente não são tão úteis. Assim, os professores constroem tipos novos das salas de aula *on-line* sem telhados, uma explosão de formas de sala de aula que combina com o que eles tentam ensinar (Ondrejka, 2008).[2]

De certa forma, é assim que ocorre a apropriação de uma nova tecnologia: utilizamos estruturas já conhecidas (velhas formas) para tentar compreender a nova realidade, buscando replicá-la. No entanto, aos poucos pela interação com o novo, na exploração, na experimentação, outras percepções começam a surgir e com elas esquemas de diferenciação, o que propicia a construção de novas estruturas que nos possibilitam ampliar o conhecimento já existente e/ou construir um novo conhecimento.

1. Metaverso: Como se origina? Qual a sua história?

A palavra metaverso é um composto das palavras "meta", que quer dizer "além" e "universo", e define um universo de Realidade

---

2. Disponível em: <http://secondlife.blig.ig.com.br//2008/19/para-criador-do-sl-academicos-sao-pioneiros-dos-metaversos.html>. Acesso em: 9 maio 2008.

Virtual. A RV surge no final dos anos 1970, quando os centros de pesquisas militares iniciaram a construção de simuladores de voos para a prática de pilotos (Lévy, 1999). No senso comum, a RV é conhecida como um ambiente de simulação do que existe no mundo presencial físico, porém ela vai muito além de uma simples imitação do que é considerado "real". "A virtualidade sempre propõe outra experiência do real" (Domingues, 2003, p. 4). Os ambientes de RV proporcionam ao sujeito uma sensação de presença, de imersão (Lombard e Ditton, 1997), ou seja, um sentimento de pertencimento proporcionado por uma telepresença. É por meio da imersão que nos sentimos parte do ambiente de RV.

A RV pode ser vivenciada por diferentes meios e pode propiciar uma imersão parcial, com a utilização de equipamentos específicos, tais como luvas, capacetes, óculos, roupas, *joysticks* etc.; uma imersão total, com o uso de Caves (Cave — Cave Automatic Virtual Environment) que simulam mundos sintéticos em 3D e oferecem ao sujeito a sensação de que está realmente visitando esse mundos (Domingues, 2003, p. 3); e, a teleimersão em Metaversos, em MDV3D por meio do uso de avatares etc.

Segundo Backes e Schlemmer (2008), a ideia de metaverso, embora descrita com outros termos, surgiu no âmbito de uma variedade de nomes no gênero de ficção *cyberpunk*,[3] tais como descritos pelos autores Rudy Rucker (1981) e William Gibson, em *Neuromancer*[4] (1984). Entre-

---

3. Segundo McCallum (2000, p. 349-350), "a ficção *cyberpunk* trabalha com as inovações tecnológicas que provocam mudanças significativas na forma como os humanos se orientam em relação ao mundo — ou mesmo no mundo em que habitam, seja virtual ou real. Embora a ficção científica seja popularmente compreendida como sendo sobre exploração do espaço e de outros planetas, o *cyberpunk* altera esse tema em favor da imaginação de um espaço 'faux' de banco de dados e redes — sistemas de informação, comunicação e mídia — em nosso mundo". O *cyberpunk* é ao mesmo tempo ficção científica que apresenta profundos questionamentos sobre o significado de ciência e de "ser" humano.

4. Romance *cyberpunk* que trouxe para a literatura ideias, como inteligências artificiais altamente evoluídas e um espaço virtual com características físicas muito próximas a do espaço "real". O próprio conceito de *cyberspace* também aparece nessa obra, definido por Gibson (1984) como uma "alucinação consensual experimentada cotidianamente por bilhões".

tanto, o termo metaverso, em si, foi criado pelo escritor Neal Stephenson, em 1992, em um romance pós-moderno, de ficção científica, intitulado *Snow crash*, sendo utilizado para designar um mundo virtual ficcional. O livro de Stephenson apresenta um mundo virtual em que seres humanos interagem uns com os outros por meio de avatares em um espaço tridimensional (metauniverso).

> [...] Como qualquer outro lugar na realidade, a Rua está sujeita a otimizações. Desenvolvedores podem construir suas próprias ruazinhas que desemboquem na principal. Eles podem construir prédios, parques, placas e tudo o mais que não existe na Realidade, assim como veículos com *show* de luzes e comunidades especiais onde as regras do espaço-tempo tridimensional são ignoradas. Coloque uma placa ou um prédio na Rua e cem milhões de pessoas, as mais ricas, importantes e conectadas da Terra irão ver isso todos os dias de suas vidas. A Rua não existe verdadeiramente. Mas neste momento, milhões de pessoas estão caminhando para cima e para baixo lá (Stephenson, 1992, p. 22-3).

Segundo o autor, metaverso tem caráter real, bem como utilidade real, pois se trata de uma ampliação do espaço real do mundo físico dentro de um espaço virtual na internet. O metaverso seria então uma espécie de "não lugar", sob uma ótica da existência física. Da mesma forma que o ciberespaço[5] (pois o metaverso faz parte dele) é uma presença que existe em um contexto de simulação de uma convivência social ou de uma nova experiência social.

Em seu livro, Stephenson descreve algumas questões relativas à implementação de tais espaços, questões que começam a se tornar mais relevantes à medida que esses meios se tornam mais abrangentes e fundamentais na vida dos sujeitos.

---

5. O ciberespaço começa a se constituir, mais efetivamente na década de 1980, ainda que com poucos computadores e redes geralmente independentes. A *World Wide Web*, por exemplo, surgiu no início da década de 1990. Nessa época sujeitos mais vinculados à cultura dos computadores imaginavam novas possibilidades de interação em um ambiente novo, o não lugar do ciberespaço.

Metaverso tem em si, para além da convergência de diferentes tecnologias, um forte aspecto conceitual e de ficção em sua concepção. Trata-se de um termo que se constitui no ciberespaço e se "materializa" por meio da criação de mundos digitais virtuais (MDVs), onde há possibilidade de imersão e no qual diferentes espaços para o viver e conviver são representados, propiciando o surgimento de "mundos paralelos". Assim, os metaversos representam o gênero dos ambientes digitais virtuais imersivos e se constituem em plataformas nas quais os sujeitos agem e interagem, vivem e convivem, num universo de representações, o que possibilita a eles desenvolver uma nova experiência social, configurando uma convivência digital virtual.

Mas o que pode significar para o sujeito viver e conviver num metaverso?

Schlemmer (2008, 2010) refere que ao longo do tempo, teóricos das mais diversas áreas do conhecimento, têm se dedicado a conceituar "vida". As definições vão desde as mais tradicionais até as mais paradigmáticas que emergem da teoria da autopoiese, da biologia evolutiva e da biossemiótica. Alguns acreditam que a vida não é exclusividade do planeta Terra, outros consideram a existência de vida baseada no silício e não no carbono. Na ciência da computação, por exemplo, estuda-se a vida artificial, e o que dizer da manipulação gênica e de outros métodos da biotecnologia então?

Segundo os biólogos chilenos Humberto Maturana e Francisco Varela (1995), a "vida é o contínuo desafio de enfrentar e aprender a cada nova circunstância. Viver é aprender. Enquanto houver interação haverá vida". "Los seres humanos somos seres sociales: vivimos nuestro ser cotidiano en continua imbricación con el ser de otro" (Maturana, 1999, p. 21).

Nessa perspectiva, a vida é um processo de cognição e as interações que acontecem entre os sujeitos são sempre interações cognitivas, construídas no viver. É nesse viver que, por meio de nossas ações e reações, criamos o nosso mundo e somos criados por ele, assim, sujeito e mundo emergem juntos. A existência da vida pressupõe a presença de rede, que envolve interações e inter-relações, portanto viver é conviver.

Refletindo sobre a compreensão de vida e de convivência expostas por Maturana e Varela, podemos pensar em como esses processos acontecem no contexto digital virtual, ou seja, em como diferentes tecnologias possibilitam o viver e o conviver de natureza digital virtual.

As primeiras vidas digitais virtuais começaram a surgir em meados dos anos 1970, com os primeiros jogos que se caracterizavam por aventuras que aconteciam em pequenos "mundos virtuais", denominados por alguns teóricos como "mundos sintéticos". Foi assim que começaram a surgir os primeiros espaços multiusuários, fazendo uso somente de texto: os MUDs[6] (Figura 1). Ainda assim, estávamos no início da era dos bate-papos.

O primeiro espaço com personagens gráficas surge na década de 1980, desenvolvido pela LucaArts (Castronova, 2005) e, já na década de 1990, as primeiras representações digitais virtuais gráficas de uma espécie de "vida" começaram a surgir, como, por exemplo, os "Tamagochis" (Figura 2). Aquele "bichinho virtual", desenhado numa tela de um pequeno aparelho, não maior que a palma da mão, que tinha uma espécie de "vida digital virtual" e precisava de cuidados para que pudesse sobreviver. Na época de seu surgimento, o "Tamagochi" causou desconforto para muitos pais e, principalmente, para os professores. A discussão dividia a opinião entre escolas que admitiam que as crianças trouxessem os "Tamagochis" para o contexto da sala de aula e as que eram veementemente contrárias a essa possibilidade. Alguns professores pensaram diferentemente e realizaram interessantes projetos de aprendizagem em sala de aula, propiciando que as crianças aprendessem algo sobre as necessidades da vida humana a partir do estabelecimento de relações com as necessidades que o "Tamagochi" apresentava para sobreviver, envolvendo-as num rico trabalho interdisciplinar.

---

6. *Multiuser Dungeons*, eram os primeiros jogos ainda na época pré-*Web* que utilizavam a interface de texto e, posteriormente, o 2D gráfico, para criar histórias a serem jogadas por vários usuários, no estilo dos *Role Playing Games*.

Ainda na década de 1990 começam a surgir tecnologias gráficas em 3D e jogos com o gráfico centrado na perspectiva de primeira pessoa, tais como o *Meridian 59*, *Ultima On-line*, *Lenage*, *EverQuest* e tantos outros. A partir da disseminação de jogos em Rede — MMORPG (*Massive Multiplayer On-line RPG* — Jogos de RPG *On-line* Massivos — Figura 3) —, jogos em que diversos sujeitos se conectam e jogam simultaneamente em um mesmo mundo representado graficamente em 2D ou 3D, e com isso cresce a polêmica em torno do uso dessas tecnologias por crianças e adolescentes. A preocupação principal de pais e professores estava relacionada aos efeitos que a interação com essa tecnologia poderia provocar no desenvolvimento de crianças e adolescentes, pois havia uma forte crença de que eles poderiam "confundir" esses dois espaços, o mundo "real físico" e o mundo "real digital virtual". Nas escolas de Educação Infantil, Ensino Fundamental e de Ensino Médio, com crianças e adolescentes dos quatro aos quinze anos, percebia-se que não era bem isso que acontecia quando eles interagiam com essas tecnologias. A postura dian-

Figura 1. MUD.

Figura 2. Tamagochi.

Figura 3. MMORPG.

te dos avanços tecnológicos era de quem sabia exatamente que se tratava de "dois mundos", de "mundos paralelos", com propriedades e regras específicas em relação à natureza de cada um deles.

Com a popularização da internet, já era possível encontrar diversas pessoas que criavam seus "EUs digitais virtuais" para viverem outras vidas em salas digitais virtuais de convívio.

Assim, fazem parte da história dos metaversos os MUDs, os MOOs e os mundos virtuais com representação gráfica em 2D, como, por exemplo, o *The Palace*[7] (Figura 4) e *Club Penguim*[8] (Figura 5). Entre os MDV3D mais conhecidos, citamos o *There*[9] (Figura 6), o *Active Worlds*[10] (Figura 7), criado em 1997, o *Second Life*[11] (Figura 8), criado em 2003. Em 2004, tem início a criação do Projeto *Open Source Metaverse*[12] (Figura 9), criado em função de uma forte procura dos desenvolvedores por um motor de servidor de metaverso e um cliente, de fonte aberta, modular, flexível e extensível, que possibilitasse personalizar um mundo próprio, independentemente dos comerciais. Em 2005 é iniciado o desenvolvimento do *Solipsis*[13] (Figura 10), sistema de código aberto, livre, com o objetivo de proporcionar a infraestrutura necessária para a criação de *metaverse*. Ainda em 2005, surge o Projeto *Croquet*[14] (Figura 11), *software* de fonte aberta, um ambiente de desenvolvimento para "criar e implantar ambientes colaborativos *on-line* multiusuário com aplicações em vários sistemas operacionais e dispositivos". Em 2007 surgem mais duas iniciativas de software livre no contexto da tecnologia de metaverso, o Projeto *Wonderland*[15] (Figura 12), atualmente desenvolvido pela Fundação *Open Wonderland Foundation*, e o Projeto *OpenSimulator*[16] (Figura 13).

---

7. Disponível em: <http://www.thepalace.com>. Acesso em: 20 fev. 2009.
8. Disponível em: <http://www.clubpenguin.com>. Acesso em: 20 fev. 2009.
9. Disponível em: <http://www.there.com>. Acesso em: 20 fev. 2009.
10. Disponível em: <http://www.activeworlds.com>. Acesso em: 20 fev. 2009.
11. Disponível em: <http://www.secondlife.com>. Acesso em: 20 fev. 2009.
12. Disponível em: <http://metaverse.sourceforge.net/>.
13. Disponível em: <http://www.solipsis.org/>.
14. Disponível em: <http://www.opencroquet.org>.
15. Disponível em: <http://www.openwonderland.org/>.
16. Disponível em: <http://opensimulator.org>.

Figura 4. The Palace.

Figura 5. Club Penguin.

Figura 6. There.

Figura 7. Active Worlds — AWSINOS.

Figura 8. Second Life.

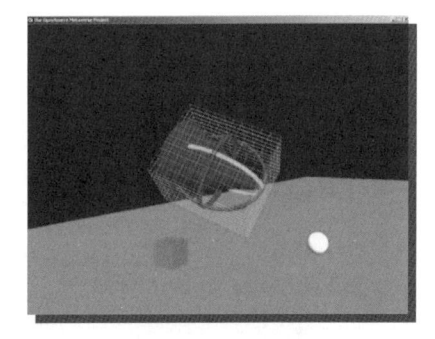

Figura 9. Metaverse.

Figura 10. Solipsis.

Figura 11. Croquet.

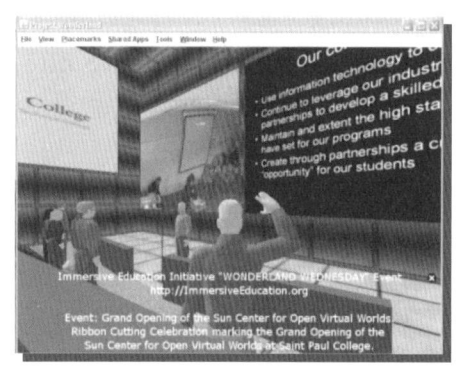

Figura 12. Wonderland.

Figura 13. OpenSimulator.

As pesquisas na área de mundos digitais virtuais (MDV) são relativamente recentes; um dos primeiros estudos identificados refere-se a Benford et al. (1993), no qual os autores descrevem o uso de metáforas na criação de modelos espaciais para apoiar a comunicação e a mediação das interações num contexto de trabalho colaborativo e cooperativo. Nesse processo investigativo são identificados dois conceitos-chave: o *focus* (que representa o subespaço no qual uma pessoa foca sua atenção) e o *nimbus* (que representa um subespaço no qual uma pessoa projeta a sua presença).

Na atualidade, um dos grupos de pesquisa que merece destaque na área é o *The Immersive Education Technology Group* (IETG), que integra pesquisadores de diferentes instituições numa verdadeira rede de colaboração entre universidades, colégios, institutos de pesquisa e empresas. Entre as instituições estão *Boston College*, *MIT*[17] *Media Lab* e *Grid Institute*. O *Immersive Education* combina na oferta de cursos *on-line* o uso de realidade virtual interativa, MDV3D com tecnologias digitais sofisticadas (*chat* por voz, módulos baseados em jogos de aprendizagem, áudio/vídeo etc.) e ambientes colaborativos *on-line*, buscando elevar a EaD a novos patamares. O projeto *Immersive Education* foi desenhado para possibilitar o engajamento e a imersão dos estudantes, da mesma forma como os melhores videogames conseguem atrair e manter a atenção de seus jogadores. Entre os principais projetos desenvolvidos pelo IETG está o *Project Wonderland*, um *software* livre que possibilita a criação de MDV3D. O projeto é uma iniciativa direcionada para a educação, no qual, por meio da imersão, sujeitos podem colaborar, simular negócios reais e aprender sobre a tecnologia de imersão. Além disso, o grupo realiza também pesquisas no metaverso *Croquet* e no metaverso *OpenSim*.

Existem diversas universidades no contexto internacional que possuem iniciativas de utilização e pesquisa com as tecnologias de metaverso, entre elas é importante mencionar a Universidade do Texas, e a *Boise State University* (EUA), que oferecem disciplinas no *Second Life* que integram parte do programa de *Master of Educational Technology*; a Universidade de Aveiro, que construiu a primeira ilha portuguesa no SL; a Universidade do Porto e a Universidade do Minho, tendo sido essa última palco recente do encontro de pesquisadores na área, ambas também em Portugal; a *Universität Hamburg*, na Alemanha.

De acordo com Schlemmer (2008), no contexto brasileiro, uma das primeiras pesquisas relacionada a MDV data de 1998 e se refere a uma dissertação de mestrado desenvolvida no Programa de Pós-graduação

---

17. Massachusetts Institute of Technology (MIT), localizado em Cambridge, Massachusetts, nos Estados Unidos, é uma das instituições universitárias mais importantes desse país e um dos centros de ensino e pesquisa mais famosos do mundo. Disponível em: <http://web.mit.edu/>.

em Psicologia da Universidade Federal do Rio Grande do Sul (UFRGS), intitulada *A representação do espaço cibernético pela criança, na utilização de um ambiente virtual*, na qual Schlemmer (1998) investiga as condutas cognitivas relacionadas à representação do espaço com sujeitos entre oito e onze anos, durante suas interações com o espaço cibernético na utilização do *software The Palace* (Figura 14), um MDV2D em rede, no qual os sujeitos são representados por *props* (qualquer objeto utilizado pelo sujeito para representá-lo no ambiente gráfico 2D de forma a propiciar a interação — algo semelhante à função do avatar) e podem interagir textualmente por meio de um *webchat*, enquanto se deslocam nos espaços representados graficamente em 2D, com *links* para novas imagens. O referencial teórico que subsidiou essa pesquisa fundamentou-se principalmente na teoria da Representação do Espaço na Criança, desenvolvida pelo epistemólogo suíço Jean Piaget e também nos estudos desenvolvidos pelos filósofos Immanuel Kant e Pierre Lévy. Os resultados dessa pesquisa evidenciaram uma aceleração no desenvolvimento dos sujeitos, no que se refere a percepções e construções das representações das noções espaciais, quando em interação com ambientes dinâmicos em MDV2D, num espaço cibernético, se comparado aos achados de Piaget, presentes na psicogênese da representação do espaço (Piaget, 1993), cuja pesquisa foi realizada a partir unicamente de experimentações em ambientes físicos. Outro resultado evidenciado pela pesquisa se refere à necessidade de adaptação do método clínico piagetiano quando utilizado no contexto de experimentação/exploração de ambientes digitais virtuais dinâmicos, tais como MDV em 2D e 3D.

Schlemmer (1998) aponta que, inicialmente, os sujeitos realizavam uma transposição, utilizando as mesmas propriedades do espaço físico para compreender o espaço cibernético, não realizando a diferenciação das propriedades de um e de outro espaço, ou seja, simplesmente tratavam o espaço cibernético da mesma forma como o físico, aplicando as mesmas propriedades. Entretanto, no decorrer das interações, observou-se que os sujeitos, na maioria das situações, já incluíam um julgamento em sua percepção. O que ocorria com maior frequência é que os sujeitos realizavam uma transposição do ambiente, agora comparando a existência no espaço físico e no espaço cibernético, realizando uma diferenciação em suas propriedades, interpretando logicamente o que ocorria. O *focus* e o *nimbus*, conceitos utilizados a partir de Benford et al. (1993), eram especificados de acordo com o interesse, por exemplo: alguns sujeitos apresentavam como *focus* o ambiente em si, as imagens, as representações gráficas, a possibilidade de explorar lugares, sendo que a comunicação com os demais sujeitos, representados por *props*, fazia parte do *nimbus*, ou seja, o sujeito percebia, porém não fazia muita diferença para ele. Para outros, o que acontecia era o contrário, o *focus* estava na comunicação, ficando a exploração do ambiente como *nimbus*. Devido a esse fato observou-se que isso variava de sujeito para sujeito, de acordo com sua idade, sexo, interesses etc.

Figura 14. *The Palace.*

Nos anos 1999 a 2002,[18] outra pesquisa na área se destaca: "Ambiente de Realidade Virtual Cooperativo de Aprendizagem (Arca)" (Figura 15), desenvolvida pela Universidade Federal do Rio Grande do Sul (UFRGS), Universidade Luterana do Brasil (Ulbra) e pela Universidade Católica de Pelotas (UCPEL). O projeto objetivou o desenvolvimento de um ambiente de ensino e de aprendizagem que pudes-

---

18. Disponível em: <http://www.pgie.ufrgs.br/projetos/arca/>.

se auxiliar numa prática pedagógica diferenciada, propiciando condições para uma aprendizagem significativa por meio de um ambiente que, usando Realidade Virtual, permitisse a cooperação. Para tanto foi utilizado o metaverso Eduverse.[19] Os resultados alcançados evidenciaram que:

> ambientes virtuais em 3D, imersivos ou não, podem proporcionar uma aprendizagem mais significativa, facilitando a abordagem de temas complexos e garantindo a potencialização das relações sociais mediante a utilização de avatares e de outros objetos gráficos. Todavia, para que ambientes de aprendizagem desta natureza possam ser construídos, conhecimentos e uma práxis interdisciplinar são necessários. Assim, conforme inicialmente previsto, cada subgrupo contribuiu com enfoques diferentes para nortear o desenvolvimento do Ambiente de Realidade Virtual Cooperativo de Aprendizagem (Projeto Arca, 2002. Disponível em: <http://www.pgie.ufrgs.br/projetos/arca/>. Acesso em: 18 jan. 2007).

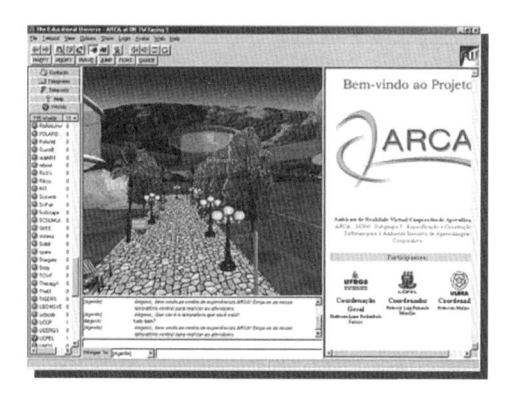

Figura 15. Ambiente de Realidade Virtual Cooperativo de Aprendizagem (Arca).

Segundo Schlemmer (2008), ainda no contexto brasileiro e vinculada ao metaverso Eduverse, destaca-se a pesquisa "A construção de

---

19. Eduverse, versão educacional do *software* Active Worlds. Disponível em: <http://www.activeworlds.com/edu/awedu.asp>.

mundos virtuais para formação a distância", desenvolvida por Schlemmer (2000-2005), a qual deu origem ao Awsinos-MDV3D da Unisinos[20] (Figura 7, p. 70), criado no ano de 2000, no qual os sujeitos são autores convocados a experimentar o processo de aprendizagem em ação, na construção do conhecimento de forma colaborativa e cooperativa, em que a autonomia é o pano de fundo que movimenta a construção do mundo. Ao entrar no Awsinos, o sujeito visualiza o Grupo de Pesquisa e uma Central de Teleportes que dá acesso a uma Praça Central e também a diferentes "vilas"[21] criadas no Awsinos (Figura 7, p. 70).

O processo de aproximação dos sujeitos com o Awsinos nos remete à discussão de alguns aspectos surgidos durante a pesquisa, a saber: sensações experimentadas ao interagir num MDV3D; as relações estabelecidas; aprendizagens propiciadas na construção do mundo; habilidades e competências necessárias para interagir e utilizar MDV3D nas práticas didático-pedagógicas; possibilidades de os mundos serem utilizados em processos educacionais para contribuir na aprendizagem.

Na construção do Awsinos, percebeu-se que por meio da participação ativa, os sujeitos vivenciram o processo de aprendizagem, realizaram trocas e também experimentaram a telepresença e a presença digital virtual via avatar, o que lhes permitiu atuar e cooperar, construindo subsídios teóricos e técnicos para compreender como essa tecnologia poderia ser utilizada em diferentes contextos. A construção aconteceu de forma lúdica, como uma aventura, uma brincadeira, um "faz de conta", no qual os sujeitos-participantes da pesquisa (adultos) construíram aprendizagens ao "virtualizar" um mundo com suas intenções e implicações, construindo e reconstruindo saberes, interagindo e cooperando.

---

20. Considerada a universidade brasileira que mais se destaca neste campo de pesquisa, foi a primeira universidade do Brasil a ter uma Galáxia no metaverso Eduverse (versão educacional do *Active World*), onde criou o MDV3D Awsinos, em 2000, e uma Ilha no SL, a Ilha Unisinos, criada eme 2006.

21. Os cidadãos do *Active Worlds*, comunidade de usuários, denominaram de vila um espaço existente dentro do mundo, mas que está distante ou em outra dimensão.

Assim, de 1993 aos dias atuais, o número de pesquisas vinculadas a metaversos, a MDV3D, vem crescendo significativamente, principalmente nos últimos dez anos. No entanto, ainda são incipientes do ponto de vista da compreensão das potencialidades para os processos de ensino e de aprendizagem, para o desenvolvimento de metodologias e processos de mediação que suportem o desenvolvimento de comunidades virtuais de aprendizagem e de prática (tanto em contextos formais de ensino quanto não formais), as quais poderiam provocar mudança no paradigma no que se refere ao ensino e à aprendizagem, a ponto de fazer surgir a inovação. Um dos grupos de pesquisa que tem investigado de forma mais aprofundada essa temática, no contexto brasileiro, é o Grupo de Pesquisa Educação Digital — GPe-du Unisinos/CNPq,[22] criado em 2004, e vinculado ao Programa de Pós-graduação em Educação da Unisinos, por meio do desenvolvimento das seguintes pesquisas: "A construção de mundos virtuais para formação a distância" (2000-2005); "Formação do educador na interação com o AVA em mundos virtuais: percepções e representações" (2005-2007); "Espaço de convivência digital virtual — ECODI" (2007-2010); "Espaço de convivência digital virtual — ECODI Ricesu" (2008-2009); Espaço de convivência digital virtual — ECODI Unisinos Virtual e "Espaço de convivência digital virtual nos programas de pós-graduação (*stricto sensu*) — ECODI -PPGs Unisinos: uma proposta para a formação de pesquisadores" (2009-2012). Ainda vinculadas às pesquisas desse grupo estão algumas dissertações de mestrado[23] e teses de doutorado.

---

22. Disponível em: <http://www.unisinos.br/pesquisa/educacao-digital>, em que podem se encontradas as pesquisas.

23. *Mundos virtuais na formação do educador*: uma investigação sobre os processos de autonomia e de autoria. Dissertação (Mestrado em Educação), defendida por Luciana Backes em fevereiro de 2007. Disponível em: <http://www.unisinos.br/pesquisa/educacao-digital>. *A interação em mundos digitais Virtuais 3D*: uma investigação sobre a representação do emocionar na aprendizagem. Dissertação (Mestrado em Educação), defendida por Rosmeri Ceconi da Costa em agosto de 2008. Disponível em: <http://www.unisinos.br/pesquisa/educacao-digital>; *Educação online em metaverso*: a mediação pedagógica por meio da telepresença e da presença digital virtual via avatar em mundos digitais virtuais em 3 dimensões. Dissertação (Mestrado em Educação), defendida por Daiana Trein em março de 2010. Disponível em: <http://www.unisinos.br/pesquisa/educacao-digital>.

Ao analisarmos o contexto da pesquisa em metaverso, em âmbito internacional e também em nível nacional (brasileiro), identificamos um número significativo de iniciativas, evidenciando a preocupação de pesquisadores em melhor compreender o funcionamento dessa tecnologia, seus limites e potencialidades para os processos de ensino e de aprendizagem. Embora essas pesquisas ainda se encontrem num nível muito embrionário, particularmente se comparadas com a pesquisa sobre o uso de outras tecnologias na educação, tais como os tradicionais Ambientes Virtuais de Aprendizagem (AVAs), iniciativas individuais e/ou coletivas têm evidenciado a riqueza desse campo de pesquisa, principalmente vinculado ao âmbito da aprendizagem humana, contribuindo significativamente para o surgimento de outro universo de pesquisa, o *Immersive Learning*.

2. Metaverso, MDV3D: fundamentos e conceitos

A tecnologia atual de metaverso possibilita a criação de MDV3D, modelado computacionalmente por meio de técnicas de computação gráfica e usado para representar a parte visual de um sistema de realidade virtual. Esses ambientes são projetados por meio de ferramentas especiais, tais como a linguagem de programação *Virtual Reality Modeling Languagem* (VRML), Engines 3D,[24] e potencializados com o uso de placas aceleradoras 3D.

No âmbito dessa nova tecnologia muitos conceitos estão presentes, tais como: digital, virtual, real... Eles estão imbricados, sendo necessário trazê-los à discussão a fim de ampliarmos a nossa compreensão sobre alguns deles e, em alguns casos, até ressignificá-los.

---

24. *Engines* 3D são *softwares* especializados com a finalidade de tratar elementos 3D de forma interativa e em tempo real. Essa *Engines* 3D possibilita a criação de ambientes e objetos muito sofisticados e com alto grau de realismo.

Iniciemos com o conceito de digital, que, segundo Lévy (1999), implica a ação de digitalizar. Digitalizar uma informação consiste em traduzi-la em números. De acordo com o autor, os dígitos possibilitam que as informações codificadas em números possam circular nos fios elétricos, informar circuitos eletrônicos, polarizar fitas magnéticas, traduzir em lampejos nas fibras ópticas e assim por diante. As informações codificadas digitalmente podem ser transmitidas e copiadas quase indefinidamente sem perda da informação, pois são reconstituídas após a transmissão.

Outro conceito igualmente importante nesse momento é o conceito de virtual, que foi extensivamente estudado por Lévy:

> A palavra virtual vem do latim medieval *virtualis*, derivado por sua vez de *virtus*, forca, potência. Na filosofia escolástica, é virtual o que existe em potência e não em ato. O virtual tende a atualizar-se, sem ter passado, no entanto, à concretização efetiva ou formal. [...] Em termos rigorosamente filosóficos, o virtual não se opõe ao real, mas ao atual: virtualidade e atualidade são apenas duas maneiras de ser diferentes. [...] o virtual é como o complexo problemático, o nó de tendências ou de forças que acompanha uma situação, um acontecimento, um objeto ou uma entidade qualquer, e que chama um processo de resolução: a atualização (Lévy, 1996, apud Schlemmer, 1998, p. 50).

Assim, o virtual não envolve apenas um modo de ser particular, mas também um processo de transformação de um modo de ser num outro.

> O virtual rigorosamente definido tem somente uma pequena afinidade com o falso, o ilusório ou o imaginário. Trata-se, ao contrário, de um modo de ser fecundo e poderoso, que põe em jogo processos de criação, abre futuros, perfura poços de sentido sob a mediocridade da presença física imediata (Idem, ibidem, p. 50).

O virtual caracteriza o desprendimento do aqui e agora, a desterritorialização, significa "não está presente". Algo ocupa um lugar no espaço, mas não pertence a nenhum lugar, caracterizando uma "ocupação virtual de um espaço".

Cada forma de vida inventa seu mundo e, com esse mundo, um espaço e um tempo específico. O universo cultural, próprio aos humanos, estende ainda mais essa variabilidade dos espaços e das temporalidades. [...] Cria-se, portanto, uma situação em que vários sistemas de proximidades e vários espaços práticos coexistem. Os espaços se metamorfoseiam e se bifurcam aos nossos pés, forçando-nos à heterogênese (Idem, ibidem, p. 51).

A interação em um MDV pode ocorrer de forma síncrona (sujeitos interagem simultaneamente) ou assíncrona (sujeitos interagem em tempos e espaços diferentes). Podemos dizer, então, que virtualizamos outros mundos por meio de nossos pensamentos e por meio das diferentes linguagens. Os MDVs podem ser considerados como a materialização desta virtualização, ou seja, deixaram de existir na esfera potencial e começaram a ocupar o seu lugar no espaço, neste caso no ciberespaço.

Mas o que é o real? Não existe uma única resposta para esta pergunta de cunho filosófico. Dentre as mais diversas interpretações, científicas ou de senso comum, o real pode ser compreendido como algo que é construído pelo sujeito, de modo individual, a partir de suas percepções, do seu viver e conviver, na relação com o mundo e demais sujeitos. De acordo com Maturana (1997, p. 156), "a realidade é um domínio de coisas, e nesse sentido, aquilo que pode ser distinguido é real". Mas se os mundos são digitais virtuais, isso significa dizer que eles podem ser "reais"?

No senso comum, o termo virtual muitas vezes é compreendido como algo que não é real, pois não existe no campo físico. Entretanto, essa compreensão é equivocada e evidencia uma contradição. Por exemplo, temos amigos virtuais, utilizamos ambientes virtuais para nos comunicar, para interagir, para aprender, integramos comunidades virtuais, ou seja, se nos dedicarmos a refletir a respeito de como vivemos e convivemos na atualidade, vamos perceber que a virtualidade está "presente" de forma intensiva em várias atividades no nosso dia a dia, ocupando o nosso tempo e, dessa forma, tendo uma existência, uma realidade, mas que é de outra natureza, que não física.

Na mesma lógica segue a discussão sobre os MDV3D, afinal, que mundos são esses? Podem existir mundos além do mundo real físico que conhecemos, desse mundo em que vemos, vivemos, convivemos, em que podemos tocar, cheirar, sentir? Poderíamos dizer que MDV3D são mundos paralelos ao mundo físico ou seria melhor dizermos que são representações a partir dos mundos que conhecemos e/ou imaginamos, sendo assim, mundos de outra natureza? Assim, MDV3D podem se constituir enquanto um híbrido, contendo elementos do mundo presencial físico e também elementos que são fruto da imaginação, relação, interação dos avatares com diferentes tecnologias digitais. A ação dos avatares em um MDV acarreta resultados em tempo real, ou seja, no instante em que o sujeito, por meio do seu avatar pratica a ação, o MDV sofre uma modificação e se atualiza. Lévy diz que

> [...] um mundo virtual, no sentido amplo, é um universo de possíveis, calculáveis a partir de um modelo digital. Ao interagir com o mundo virtual, os usuários o exploram e o atualizam simultaneamente. Quando as interações podem enriquecer ou modificar o modelo, o mundo virtual torna-se um vetor de inteligência e criação coletiva (Lévy, 1999, p. 75)

> Mundos virtuais são, genericamente falando, ambientes multiusuários, navegáveis espacialmente e via redes, mediados por computador. Como mais e mais desses mundos virtuais emergem na Internet, parece ser pertinente considerá-los um fenômeno real, e assim estudá-los como artefatos culturais, que proveem novas formas de experiências estéticas e de entretenimento (Klastrup, 2003, p. 1).

De acordo com Schlemmer (2008), os MDV3D podem ser compreendidos como um híbrido entre ambientes virtuais de aprendizagem, jogos, comunicadores instantâneos, mídias sociais, ou seja, os MDV3D possuem elementos de diferentes tecnologias digitais virtuais. Enquanto espaço de pesquisa, observamos que essas áreas, individualmente, encontram-se num bom nível de desenvolvimento, no entanto, esse hibridismo, representado pelos MDV3D, inaugura um novo campo de pesquisa que ainda não está bem delineado e cujos processos investigativos encontram-se numa fase muito embrionária. Klastrup (2003) chama atenção para o fato de que se entendemos que tais mundos virtuais são híbridos, é sob essa perspectiva que devem ser investigados.

Nesse contexto, a preocupação de Klastrup (2003) se refere particularmente à criação da experiência e à experiência presencial num mundo virtual. Baseia-se em questões, tais como: "Como você descreveria a experiência de 'estar lá' ou a experiência de habitar o mundo virtual?", "O que cria essa experiência?" e "Como podemos interpretar o que acontece quando você está lá dentro?". A autora busca desenvolver uma poética[25] dos mundos virtuais, a partir da definição deles e do estudo da "mundanidade" (*worldness*) de tal mundo.

Segundo Klastrup (2003), uma poética dos mundos virtuais lida com o estudo sistemático de mundos virtuais como mundos virtuais.

A autora refere que uma definição interessante de mundo virtual se encontra no fato de que, via simulação, em detrimento de narrativa, o mundo virtual é uma nova forma de texto cultural que é caracterizada pelo fato de que tal texto é "lido" (usado, acessado) por vários usuários ao mesmo tempo. Daí, desde que os contínuos trabalhos definiram necessariamente a "literariedade" de um texto, parece ser lógico, nesse caso, traduzir tal fator em "mundanidade" (*worldness*), ou seja, procurar o que faz de cada mundo virtual um mundo virtual.

Tal conceito é aplicado em dois níveis: primeiro, como aspecto essencial de todo mundo virtual como mundo virtual (como propriedade estrutural, "ontológica"), e segundo, como definindo as características de um mundo virtual em específico (uma propriedade emergente, percebida e experimentada por usuários do mundo).

---

25. Poética é o estudo sistemático da literatura como literatura. Ela lida com a questão: "O que é literatura?" e com todas as possíveis questões desenvolvidas disso, tais como: O que é arte na linguagem? Quais são as formas e tipos de literatura? Qual a natureza de um gênero literário? Qual é o sistema de uma arte ou linguagem. In: Rimmon-Kenan (1983) apud Klastrup (2003).

Dadas todas as especificidades, Klastrup (2003, p. 3) propõe que uma definição completa de mundos virtuais precisa conter os seguintes pré-requisitos: descrever os vários gêneros de mundos virtuais (tanto mundos sociais quanto jogos), descrever o que distingue mundos virtuais de ambientes virtuais (não permanentes ou de acesso restrito) e comunidades virtuais (que se focam primariamente na interação social), enfatizando ambos os aspectos de interação: usuário/usuário e usuário/mundo, descrever o que distingue tais mundos virtuais de outros tipos de mundos imaginários (como novelas ou filmes), que não são ambientes habitáveis, e por fim, enfatizar o fato de que o mundo virtual é um mundo compartilhado por múltiplos usuários (comunicação síncrona) e que, por isso, os outros usuários também são produtores dele. Assim, a partir das premissas citadas, segundo Klastrup (2003, p. 2),

> Um mundo virtual é uma representação *on-line* persistente que contém a possibilidade de interação síncrona entre usuários e entre o usuário e mundo, dentro das regras de espaço desenvolvidas, como um universo navegável. "Mundos Virtuais" são mundos nos quais você pode se mover, através de representações persistentes do usuário, contrastando com mundos representados tradicionais de ficção, que são mundos apresentados como habitados por pessoas reais, mas que não são exatamente habitáveis.

Nesse contexto, a autora detecta quatro aspectos diferentes, mas intimamente ligados: a experiência do mundo como ficção, como espaço de interpretação e diversão, como jogo e, finalmente, como comunidade. A proposta da autora é mapear que funções estão presentes no mundo virtual e que criam, respectivamente, numa sinergia, a ideia de "mundanidade".

Quando falamos em metaverso, estamos nos referindo a um ambiente de imersão que possibilita a construção de MDV3D pelos próprios sujeitos que o *e*-habitam, por meio de "corpos tecnologizados", os avatares. Segundo Schlemmer et al. (2004), um MDV3D pode reproduzir de forma semelhante ou fiel o mundo físico ou pode ser uma criação diferenciada, desenvolvida a partir de representações espaciais imaginárias, simulando espaços não físicos para convivência digital virtual. Esses mundos podem ter leis próprias, nos quais podemos usar todo o poder da nossa invenção e criatividade, pois não estamos presos a regras físicas. Outra característica fundamental dos MDV3D é o fato de se caracterizarem como sistemas dinâmicos, ou seja, o ambiente se modifica em tempo real à medida que os usuários vão interagindo com ele. Essa interação pode ocorrer em menor ou maior grau dependendo da interface adotada, pois os mundos virtuais podem ser povoados, *e*-habitados, tanto por humanos, os *e*-cidadãos, representados por meio de avatares, os quais realizam ações e se comunicam, quanto por "humanos virtuais" (*Non-player Character* — NPC — personagens não manipuláveis e/ou *bots* e agentes comunicativos).

É importante considerar que enquanto nos tradicionais meios digitais virtuais o acesso à informação se dá por intermédio de um *browser*, *software* que permite navegação na internet, numa interface baseada em ambiente bidimensional de textos, imagens estáticas, vídeos etc., em um metaverso a navegação se dá em ambiente tridimensional, dinâmico, sem que se perca o acesso a esses mesmos vídeos e imagens, fotografias e textos.

Assim, entendendo o virtual enquanto um "complexo problemático", conforme já apresentado por Lévy (1999), precisamos voltar o nosso olhar para os MDV3D enquanto mundos de outra natureza, de uma natureza distinta, ou seja, digital virtual e não como uma oposição ao real. Assim, para estudar os MDV3D, como coloca Klastrup (2003), é preciso considerá-los enquanto MDV e, a partir disto, elaborar questionamentos para melhor compreendê-los, evitando estabelecer comparações com o mundo físico, ou "real", e assim conhecer as suas reais potencialidades.

Um metaverso se traduz num meio cognitivamente mais familiar ao ser humano e, portanto, naturalmente mais intuitivo de se utilizar. Nesse contexto, as possibilidades de interação são ampliadas em relação a outras tecnologias já conhecidas.

3. Avatar: a criação do "eu digital virtual", a construção de uma identidade digital virtual

Viver em outros mundos, ter outra forma de existência, sempre fez parte da imaginação humana. Atualmente, com o surgimento das tecnologias de metaverso, esse sonho se materializou no ciberespaço, por meio da criação de diferentes MDV3D. Mas como é possível ao sujeito viver e conviver nesses mundos de natureza digital virtual? De forma também digital virtual, por meio de um avatar, que possibilita ao sujeito estar presente, por meio de ações e interações, "estar lá", ter outra forma de existência, condizente com esse novo mundo, no qual é possível se teleportar, viver e conviver com criaturas mágicas, habitar um mundo de fantasias, fazendo parte dele, transformando-o.

Avatar é um termo hindu para descrever uma manifestação corporal (encarnação) de um ser imortal, ou uma manifestação neste mundo de um ser superior (um anjo) pertencente a um mundo paralelo, por vezes até do Ser Supremo (Deus), no planeta terra. O termo deriva do sânscrito *avatāra*, que significa "descida", no sentido de que um avatar é sempre a manifestação de um ser evoluído em um plano inferior, ou seja, tem um significado original como uma "emanação da alma". O termo é utilizado principalmente para referenciar as encarnações de Vishnu, a quem muitos hindus reverenciam como Deus. Duas outras divindades que os hindus acreditam que também se manifestam na forma de avatar são Shiva e Ganesh. Assim, o termo avatar tem um sentido metafísico.

O termo avatar, relacionado ao contexto das redes telemáticas, foi utilizado pela primeira vez, assim como o termo "metaverso", por William Gibson, em *Neuromancer* (1984). Entretanto, foi Neal Stephenson, em *Snow crash* (1992), quem primeiro usou o termo com a ideia de representação humana no ciberespaço.

No contexto tecnológico, avatar é o termo usado para nomear a representação gráfica de um sujeito no mundo digital virtual. De acordo com a tecnologia, pode variar desde uma simples imagem, um modelo bidimensional, até um sofisticado modelo 3D, predefinido ou totalmente customizado/criado pelo sujeito. Pode ser uma simulação da aparência do corpo físico ou fruto da imaginação, da criatividade.

Assim como no mundo presencial físico, num metaverso, num MDV3D, os sujeitos agem e interagem por meio de um "corpo" que faz parte do processo de interação do sujeito com o mundo e com os demais avatares.

O surgimento da representação, por meio de um avatar, denota a preocupação com um corpo e nos põe a pensar em como esse "corpo tecnologizado" é criado e passa a se portar no contexto da cibercultura.

> Quando o corpo interage, desencadeia rituais comunicativos, pois repete ações para provocar o sistema e receber respostas do ambiente virtual. Consequentemente, da mesma forma que o corpo vive experiências nos ambientes virtuais, tecnologizando-se, as tecnologias naturalizam-se, pois se transformam durante as interações, incorporando os sinais biológicos. Nessas zonas de interação, não se pode mais separar o que é biológico e o que é tecnológico. O que se processa nas zonas de intervalo são realidades "úmidas" onde a vida à base de carbono está amalgamada ao silício, em fluxos que circulam na arquitetura das redes nervosas humanas e das redes nervosas artificiais (Domingues, 2003).

Num MDV3D, tudo acontece por meio do avatar, o qual é criado e totalmente customizado pelo sujeito, que pode escolher não somente atributos humanos, tais como constituição física, altura, cor da pele, olhos, cabelo, entre outros, mas também optar por utilizar formas não humanas, tais como fadas, anjos, elfos, animais, criaturas mitológicas, robôs, entre muitas outras possibilidades cujo limite é a imaginação.

É por meio desse avatar, representação do "eu digital virtual", que o sujeito tem manifestada a sua "corporificação", denominada por Lévy (1999) de "corpo tecnologizado". O avatar pode representar a simulação do "eu físico" ou ser resultado da imaginação. É por meio dele que um sujeito pode entrar num MDV3D, agir e interagir. Um avatar pode criar as representações, os objetos em 3D que compõem o mundo, pode se deslocar nesse espaço em 3D (caminhar, correr, voar, pular, pode também se utilizar de objetos que permitam se deslocar, tais como patins, patinete, bicicleta, carro, cavalo, trem, ônibus, barco, avião etc., pode se teleportar, simplesmente desaparecendo de um lugar e surgindo em outro novamente), pode interagir, se comunicar (utilizando a linguagem textual — por meio de *chat* escrito e também de *notecards*; a linguagem oral — é possível conversar com outros avatares utilizando a voz, ou seja, por meio do diálogo oral; a linguagem gestual — por meio do uso de diferentes gestos, que podem ser previamente programados, pode realizar ações — dançar, sorrir, chorar, acenar, abraçar, entre outras; a linguagem gráfica — pode representar graficamente conhecimentos e sentimentos, na construção de objetos/espaços em 3D, podendo animá-los, programá-los para que possam exercer funções específicas). O MDV3D "acontece" por meio do avatar, de um "eu digital virtual" que representa o sujeito — o mundo só vai "acontecer", "existir" se o sujeito agir, interagir.

Todas essas possibilidades de interação, que podem ser utilizadas de forma combinada e simultânea, apontam para um novo paradigma de interface e têm estimulado significativamente a formação de comunidades virtuais entre os sujeitos-avatares que se encontram nesses mundos.

O avatar representa o "eu digital virtual" e, portanto, é por meio dele que o sujeito constrói uma "identidade digital virtual", no entanto, antes de compreender como isso ocorre, é fundamental compreendermos o conceito de "identidade".

O conceito "identidade" é complexo e envolve áreas de conhecimento como a Psicologia, a Sociologia, a Antropologia e a Filosofia, portanto, não é intenção, neste capítulo, aprofundar o conceito, mas sim trazer algumas reflexões sobre ele no contexto das tecnologias digitais virtuais.

Segundo Jaques (1998), o estudo da identidade apresenta duas dimensões indissociáveis, uma pessoal (individual) e outra social (coletiva), "a identidade é aquilo que individualiza o sujeito, ao mesmo tempo que o socializa, é aquilo que o diferencia e que o torna um igual" (Violante, 1985, p. 146).

De acordo com Ciampa (1984), as possibilidades de diferentes configurações de identidade estão sempre relacionadas com as distintas configurações da ordem social. Nessa perspectiva, não é possível falar de identidade pessoal como uma entidade independente das relações sociais, pois ela depende do contínuo reconhecimento dos outros para se manter.

Há ainda outros autores que sugerem a necessidade de uma reformulação radical do conceito de identidade pessoal na sociedade atual, em função da percepção de que está ocorrendo uma verdadeira "crise de identidade" motivada principalmente pelo advento das tecnologias digitais e que está afetando o sujeito. Haraway (2005) nos diz que antes de *sermos* humanos, *nos tornamos* humanos. *Tornamo-nos humanos com* outros, seja nas relações com os animais ou com a tecnologia.

Turkle (1995), pesquisadora do MIT, em pesquisas realizadas em mundos virtuais, afirma que coexistem vários níveis de personalidade, ou melhor, várias personalidades em si, dentro de um mesmo indivíduo, transformando-se num "eu-distribuído".

As tecnologias digitais virtuais ampliam o campo da percepção, espaços são expandidos por meio de representações 3D, podemos nos teletransportar ou teleportar para outros espaços, por meio de avatares que nos representam nesses espaços de *bits* e *bytes*. Assim surgem novas formas de "existir", antes não permitidas por um corpo exclusivamente biológico; isso faz com que nos preocupemos com o chamado "corpo tecnologizado". Segundo Lévy (1999), os mundos virtuais, por exemplo, colocam em novas bases os problemas do laço social e da hominização; o processo de surgimento do gênero humano acelera-se de forma brutal.

Nesse contexto é fundamental identificarmos como os sujeitos vêm construindo suas identidades nas mais diversas tecnologias digitais virtuais. Podemos entender como uma das tecnologias precursoras da possibilidade de construção de Identidades Digitais Virtuais (IDV) os bate-papos (*chats*), em que o sujeito se faz presente com o uso de codinomes (*nicks*). Na sequência, aparecem os fóruns, nos quais os sujeitos necessitam efetivar um cadastro e preencher um formulário; com ele, surge a criação de perfis reais e falsos (*fakes*). Mais recentemente observamos o boom do Orkut, em que o uso dos perfis falsos se torna mais evidente; já nos MMORPG (*Massive Multiplayer On-line RPG* — Figura 16) e em Mundos Digitais Virtuais, como o *The Palace* (Figura 17), *Active Worlds*, *There*, *Second Life* (Figuras 18 e 19), as IDV surgem na personificação dos avatares, o que possibilita ao sujeito estar telepresente por meio de um "corpo tecnologizado".

Figura 16. Representação por meio da criação de personagens em MMORPG.

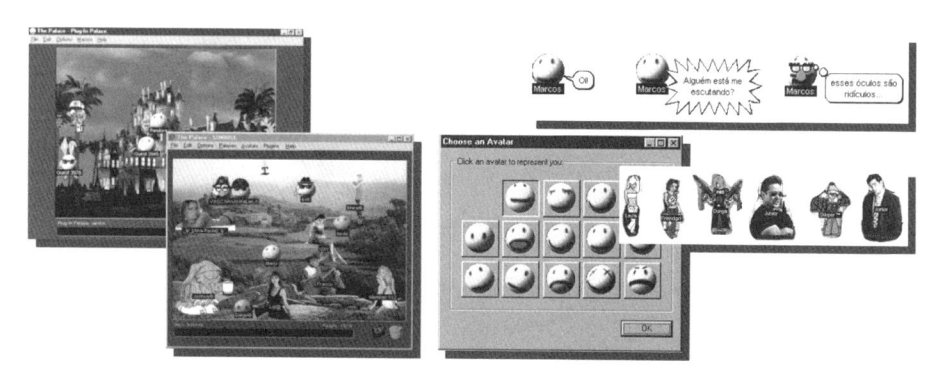

Figura 17. Representação por "prop" no *software The Palace*.

Figura 18. Representação por avatar no metaverso Active Worlds.

Figura 19. Representação por avatar no metaverso Second Life.

No metaverso SL, por exemplo, a criação e a personalização de um avatar são os recursos que mais atraem os sujeitos, usuários dessa tecnologia. Uma completa ferramenta de edição de avatares é disponibilizada, na qual é possível de forma simples e relativamente rápida editar diversas partes do corpo do seu avatar, utilizando principalmente o recurso de barras de rolagem que variam de 0% a 100%. Essas barras movem a malha de polígonos que altera o modelo do avatar, funcionando como medidores para determinar a capacidade mínima ou máxima de determinada característica do corpo digital virtual como, por exemplo, o tamanho do pé: se a barra estiver em 20%, o pé será pequeno; se estiver 100%, será grande (Schlemmer, Trein e Oliveira, 2008, p. 4) (Figura 20).

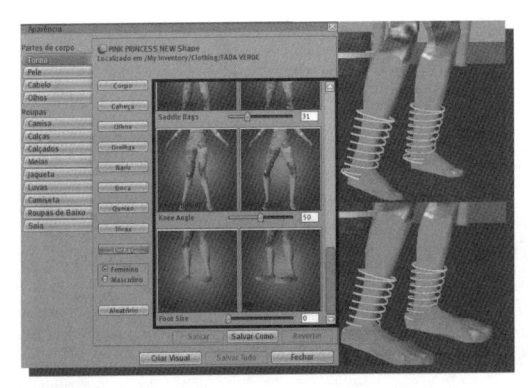

Figura 20. Movimento da malha de polígonos que modifica o avatar.

Além de personalizar a aparência do corpo digital virtual do avatar, é possível ainda criar diferentes vestimentas e objetos para serem anexados a ele. Alguns são construídos com base nos modelos existentes no mundo físico, outros especificamente criados com propriedades do mundo digital virtual (Figura 22). Ambos são possíveis por meio da modelagem de *Prims* (objetos básicos de construção, como esferas, cubos etc.) e das chamadas texturas, aumentando o grau de realismo ao imitar cores e texturas de diferentes tecidos, objetos etc., o que possibilita que os avatares se vistam como os humanos no mundo físico (Figura 21). Se o usuário desejar aumentar ainda mais o grau de "realismo", o SL possibilita a programação de efeitos físicos nos objetos (no caso as roupas, cabelo etc.), simulando a movimentação delas quando o avatar anda, corre, voa ou quando está ventando no MDV3D, por exemplo (Schlemmer, Trein e Oliveira, 2008c, p. 4).

Figura 21. Avatar Daiana John vestida como um humano no mundo físico.

Figura 22. Avatar Violet Ladybird vestida como uma fada.

Ainda é possível criar e anexar outros objetos ao avatar, tais como asas (Figura 23), rabos, tatuagens (Figura 24) e outros ornamentos. Os cabelos também podem ser objetos anexados com cores, movimentos e formatos diversos.

Figura 23. Avatar com cabelo e asas anexadas.

Figura 24. Avatar com tatuagem anexada.

A movimentação do avatar é outra característica importante que pode ser editada no metaverso SL, ou seja, cada movimento do avatar e a forma como ele interage com o mundo e com outros avatares podem ser personalizados. Esta edição de movimentos e gestos ocorre fora do metaverso SL, utilizando *softwares* específicos como o *Poser* (Figura 25). Após a edição, importa-se o gesto ou movimento para dentro do metaverso SL. Esse arquivo irá conter as informações específicas sobre a movimentação e ação dos avatares.

Figura 25. Tela do *Poser* — *software* de edição de gestos e movimentos dos avatares.

A criação/personalização de um avatar é um processo de virtualização do corpo físico, ou da forma que desejarmos ter, como se fosse um novo nascimento. Antes de "nascer virtualmente", escolhemos o nome do nosso avatar, bem como o sexo que teremos, a cor de pele, altura etc. Optamos entre ser humano, animal, ou ainda meio humano meio animal, ou qualquer coisa que nossa imaginação definir. Nos MDV3D, as regras, padrões, formas e parâmetros são definidos pelos sujeitos que vivem e convivem nesses espaços (Schlemmer, Trein e Oliveira, 2008c, p. 4). De acordo com Trein (2010), considerando que os MDV3D existem (Lévy, 1999) dentro de um contexto de virtualidade real (Castells, 1999), podemos pensar nos MDV3D e nos avatares enquanto "representações vivas"?

4. Telepresença, presença digital virtual e imersão em metaversos

Diferentes Tecnologias Digitais Virtuais (TDV), tais como: a realidade virtual, MDV3D, simulações, MMORPG (*Massive Multiplayer Online* RPG), videoconferência, entre outras, podem propiciar aos sujeitos um maior grau de presença, um tipo de experiência mediada que cria um forte sentido de presença que, segundo Lombard e Ditton (1997), pode ser percebida como "natural", "imediata", "direta" e "real", enquanto os tradicionais meios de comunicação, tais como o telefone, rádio, televisão, cinema, entre outros, propiciam um menor grau de presença.

Quando falamos em presença, é inevitável retornarmos aos modelos mentais construídos ao longo de nossas vidas. Pensamos logo em estar junto, ao lado fisicamente no mesmo tempo e espaço, assim, o corpo físico é diretamente associado à noção de "estar presente". No entanto, segundo Trein (2010), o sentimento de presença, por mais associado que esteja ao corpo físico, também surge de outras formas. Por exemplo, quando estamos distantes fisicamente das pessoas que amamos, podemos nos sentir mais perto delas quando vemos ou tocamos em determinados objetos, é assim que trazemos a presença até nós. Quando recebemos uma carta de um ente querido, conseguimos sentir e imaginar como seria se ele mesmo estivesse lendo aquelas palavras para nós. Da mesma forma, ao sentirmos determinados cheiros, ouvir uma determinada música, lembramos e, de certa forma, podemos sentir a presença de alguém. Esta sensação de ter o outro por perto por meio da memória, dos sentidos, da imaginação, é o primeiro tipo de presença virtual que conhecemos, pois o virtual é o que existe em potência não em ato (Lévy, 1996, p. 15). Assim, virtualizamos as pessoas que amamos, os seus corpos, suas vozes, sua presença.

No entanto, com os MDV3D, perdemos nossas referências, de estar presentes no sentido tal como o vivenciamos até então, e passamos a experimentar uma telepresença e uma presença digital virtual que pode ser compreendida como um "estar junto digital virtual". Na atualidade, a presença, o "estar presente", não se limita mais à presença física, imposta pela limitação de um corpo físico, pois podemos ter novos "corpos", "corpos tecnologizados", "corpos digitais virtuais" que podem estar aqui e lá ao mesmo tempo, o que nos possibilita construir novas realidades, experiências e sensações. Pesquisadores das mais diversas áreas do conhecimento, tais como: Comunicação, Psicologia, Educação, Fisolofia, Sociologia, associados a pesquisadores das áreas de ciência da computação e da neurologia, entre outras, buscam melhor compreender as questões que emergem da experiência de presença e telepresença. O estudo da presença e telepresença no contexto das TDV está numa fase muito embrionária, sabemos pouco sobre a percepção e sentimento de presença, propiciadas, por exemplo, via interação por avatar em MDV3D.

No artigo "At the heart of it all: the concept of presence", numa extensa revisão da produção de conhecimento sobre presença, Lombard e Ditton (1997) encontraram seis conceituações interligadas, mas distintas:

- Presença como enriquecimento social — relacionada a dois conceitos de comunicação: familiaridade e urgência na comunicação, e também ao tipo de meio que promove a interação. É uma presença com proximidade física e contato corporal, olho no olho, postura, gestos e comportamento.

- Presença como realismo — relacionada à sensação de "realidade" que o sujeito experimenta, o sentir a "coisa" como "verdadeira". Pode provocar o *social realism* e o *perceptual realism*, de forma conjunta ou não, em maior ou menor nível dependendo do sujeito.
- Presença como transporte — propicia o deslocamento virtual do sujeito e apresenta as seguintes variações:
  - "Você está lá" — o sujeito é transportado para outro local, esse conceito é muitas vezes utilizado nas discussões de realidade virtual.
  - "Lá está aqui" — o outro lugar e seus objetos são transportados até o sujeito.
  - "Nós estamos juntos" — em que dois ou mais sujeitos são transportados juntos para um lugar que eles compartilham. Não há presença física, mas os sujeitos compartilham o mesmo espaço virtual.
  - "Vocês estão por aí" — mais antiga versão de presença. A tradição oral dos primeiros seres humanos que envolvia o contador de histórias, que permitia ao sujeito ser transportados para um outro tempo e lugar onde os eventos ocorreram (Biocca e Levy, 1995, apud Lombard e Ditton, 1997). Segundo Gerrig (1993) e Radway (1991), apud Lombard e Ditton (1997), a narrativa pode ter o mesmo efeito.
- Presença como imersão — comporta a ideia de imersão perceptiva e psicológica (Biocca e Levy, 1995, apud Lombard e Ditton, 1997), tais como em RV, cinema Imax,[26] planetários e simulações, onde as experiências, os sentidos, estão imersos no mundo digital virtual. A imersão perceptiva consiste no "grau em que um ambiente virtual submerge o sistema perceptual do usuário"

---

26. Imagem Maximum (Imax) é um formato de filmes criado pela Imax Corporation com a capacidade de mostrar imagens em alta resolução e tamanho. A tela de um cinema Imax mede 22 metros de largura e 16,1 metros de altura, podendo ser maior. Metade desses cinemas é educacional.

(Biocca e Delaney, 1995, p. 57, apud Lombard e Ditton, 1997). Presença como imersão inclui também uma dimensão psicológica. Quando os sujeitos sentem que estão envolvidos (Palmer, 1995, apud Lombard e Ditton, 1997), absorvidos (Quarrick, 1989, apud Lombard e Ditton, 1997), empenhados, engajados. Para Heeter (1995), apud Lombard e Ditton (1997), a imersão está relacionada com conceitos como intensidade, diversão, competitividade, hábito e excitação.

- Presença como ator social no meio — propicia ao sujeito estar envolvido em uma experiência de RV, sendo possível agir/interagir com o meio vivenciando a situação.
- Presença do meio como ator social — envolve retorno à interação, fornecida pelo próprio meio, a utilização de programas de computador para desempenhar papéis sociais, tais como o uso de agentes e robôs.

De acordo com Schlmmer (2008, 2010) o termo telepresença foi usado pela primeira vez em 1980 por Marvin Minsky em um sistema de teleoperação que envolvia a manipulação de objetos remotamente. Segundo Minsky (1980), telepresença é a "sensação de você estar realmente 'lá' no *site* remoto de operação", enquanto presença virtual é "sentir como se estivesse presente no ambiente gerado pelo computador" (Minsky, 1980, p. 120).

Conforme Walker e Sheppard, apud Tsan Hu (2006), telepresença é uma forma de comunicação que propicia ao sujeito agir e interagir a distância com outros sujeitos e objetos e ter a sensação de: "estar lá", "lá estar aqui" e "estar juntos". É utilizada para designar presença digital virtual de um ou mais sujeitos em outro local, que pode estar distante ou ser inacessível fisicamente.

Lévy (1996) diz que a projeção da imagem do corpo é geralmente associada à noção de telepresença, mas a telepresença é sempre mais que uma simples projeção de imagens, pois não está apenas associada às tecnologias digitais tampouco às digitais virtuais em 3D. Experimentamos a telepresença durante um simples telefonema. A voz percorre as ondas eletromagnéticas e faz com que possamos sentir a presença do interlocutor. Como coloca Lévy (1996, p. 29)

> O telefone, por exemplo, já funciona como um dispositivo de telepresença, uma vez que não leva apenas uma imagem ou uma representação da voz: transporta a própria voz. [...] E o corpo sonoro de meu interlocutor é igualmente afetado pelo mesmo desdobramento. De modo que ambos estamos, respectivamente, aqui e lá, mas com um cruzamento na distribuição de corpos tangíveis.

Minsky (1980), Lemos (2002), Lévy (1996), Walker e Sheppard, apud Tsan Hu (2006), referem-se à telepresença como uma "sensação" ou como um "sentimento" de estar ou pertencer a algum lugar independentemente do corpo físico. Essa sensação ou sentimento de pertencimento terá uma variação de nível, dependendo da mídia utilizada, desta forma a telepresença dependerá diretamente das possibilidades que a tecnologia oferece ao sujeito, em termos de representação, comunicação, interação, interatividade.

O conceito de telepresença ao qual nos referimos neste capítulo é a telepresença digital virtual que, no caso da tecnologia de metaverso, surge associado também a outro conceito, o de presença digital virtual. Ambos se expressam nas interações, realizadas por meio de avatares, no contexto dos MDV3D.

A telepresença vai possibilitar que a própria voz do sujeito esteja telepresente no MDV3D, quando ele falar, conversar; é a sua própria voz que está lá, possibilitando que ele converse com os demais avatares; enquanto a presença digital virtual se refere a uma representação do sujeito no MDV3D, ou seja, não é a própria imagem do sujeito que está telepresente num MDV3D, como é o caso em uma videoconferência, onde a câmera capta a imagem e "leva" para outro local geográfico, mas outra representação desse sujeito, portanto, não uma telepresença, mas uma presença de natureza distinta, uma presença digital virtual, por meio de avatar.

Assim, denominamos "presença digital virtual" a presença vinculada a uma representação por meio de avatar, o que permite um "face a face", um "olho no olho" entre avatares, ou seja, o meu eu digital virtual (minha identidade digital virtual) pode "ver" o outro (a identidade digital virtual de outros sujeitos) e o outro (avatar) pode me ver (o meu avatar). Dessa forma, estabelecemos uma diferenciação do conceito de telepresença, o qual está vinculado ao uso de tecnologias capazes de "levar", de "deslocar" uma parte do sujeito para outro "local", "contexto", que pode ser inclusive considerado um "espaço de fluxo", como no caso do telefone, em que nossa voz é transportada para um outro local, na videoconferência, em que nossa voz e nossa imagem também podem ser transportadas ou num AVA, quando estamos telepresentes por meio da interação textual, entre outros.

No caso dos metaversos, especificamente dos MDV3D, o sujeito não está somente telepresente, ele está presente de forma digital virtual, por meio de uma representação também de forma digital virtual, que é o avatar, contudo o que esses ambientes híbridos possibilitam é uma combinação de presença digital virtual com diferentes tipos de telepresença, como no caso do metaverso SL, em que o sujeito tem uma presença digital virtual, por meio da criação de um avatar que o representa nesse mundo e, simultaneamente, tem uma telepresença por meio do transporte da sua própria voz para esse mundo, bem como da sua interação textual.

Assim, podemos dizer que, ao utilizarmos a tecnologia de metaverso, temos a telepresença e uma presença digital virtual, as quais provocam sensações diferenciadas de uma simples interação por voz ou texto, pois existem também "corpos tecnologizados" que se fazem presentes e que interagem em um mundo virtual. Corpos que podem se movimentar, falar, correr, pular, voar, conhecer lugares que só existem no contexto digital virtual e/ou que jamais poderiam ser visitados no mundo presencial físico. Além disso, é possível ao avatar demonstrar sentimentos e sensações por meio da linguagem textual, oral, gestual e gráfica.

Tabela 1. Tecnologias, linguagem, comunicação, tipo de representação, nível de interação/interatividade, nível de telepresença, presença digital virtual e nível de imersão (adaptada de Schlemmer, Trein e Oliveira, 2008c, p. 6; Schlemmer, 2009, p. 58; Trein, 2010, Schlemmer, 2010).

Tecnologia	Linguagem predominante	Comunicação	Tipo de representação	Nível de interação/interatividade	Nível de telepresença/presença digital virtual	Nível de imersão
Metaverso — MDV3D, MMORPG	Gráfica, gestual, oral e textual	Multidirecional	Dinâmica — avatar em 3D que pode ser modificado na interação	Alto	Telepresença — alto Presença digital virtual — alto	Alto
Realidade Virtual	Gráfica, gestual	Multidirecional	Próprio corpo físico (voz, gestos)	Alto	Telepresença — alto	Alto
MDV2D	Gráfica e textual	Multidirecional	Estática — imagem em 2D — *props*	Alto	Telepresença — médio Presença digital virtual — médio	Médio
Videoconferência	Gráfica, gestual e oral	Multidirecional	Próprio corpo físico (voz, gestos)	Alto	Telepresença — alto	Médio
AVAs, *blogs*, Wikipédia, Orkut	Textual	Multidirecional	Estática — imagem em 2D (quando há)	Alto/médio	Telepresença — médio	Baixo
Simuladores	Gráfica, textual e oral	Multidirecional/bidirecional	Avatar em 3D ou corpo físico (gestos, voz etc.)*	Alto/médio	Telepresença — alto/médio Presença digital virtual — médio	Alto
Telefone	Oral	Bidirecional	Voz	Médio	Telepresença — médio	Baixo
Comunicadores instantâneos	Oral, textual e gráfico	Multidirecional/Bidirecional	Estática — imagem em 2D (quando há)	Médio	Telepresença — alto/médio	Médio
Televisão, vídeo, cinema	Gráfica, oral e gestual	Unidirecional	—	Baixo	Telepresença — baixo	Médio/baixo
Rádio	Oral	Unidirecional	—	Baixo	Telepresença — baixo	–
Imprensa, correio	Textual	Unidirecional	—	Baixo	Telepresença — baixo	–
Navegação na web	Textual	Unidirecional	—	Baixo	Telepresença — baixo	Baixo

* Depende do tipo de tecnologia utilizada pelo simulador.

A seguir é apresentada uma tabela com diferentes tecnologias, linguagem predominante, comunicação, tipo de representação, nível de interação/interatividade, nível de telepresença e de presença digital virtual e nível de imersão, quando for o caso.

Conforme a tabela anterior, podemos observar que os níveis mais altos de telepresença e de presença digital virtual são encontrados nas tecnologias digitais que se utilizam de um conjunto de características que comportam simultaneamente: diferentes linguagens para possibilitar a interação, a comunicação multidirecional e, principalmente, que disponibilizam um ambiente em três dimensões onde o sujeito pode ser representado por meio de um avatar, podendo dessa forma se sentir imerso no ambiente gerado no computador.

Assim, é possível compreender que os MDV3D são ambientes imersivos participativos que possibilitam aos sujeitos uma comunicação multidirecional por meio do uso de diferentes linguagens (gestual, textual, oral e gráfica), bem como um alto nível de interação e interatividade em que as ações do sujeito irão modificar o meio, os outros sujeitos e ele mesmo. O alto nível de telepresença e de presença digital virtual possibilitado pela utilização dos MDV3D está diretamente ligado com a possibilidade de representação por avatar, propiciada ao sujeito. Nos MDV3D, os sujeitos criam seus avatares para explorar o mundo onde "as câmeras representam o olhar do contemplador" (Domingues, 2003, p. 3), e, além disso,

> o virtual imersivo gera mundos construídos para serem experimentados, controlados, habitados, tocados através de ações. Podemos também criar uma identidade a partir de avatares que incorporamos e viver num espaço 3D, experimentando outras realidades paralelas em mundos de múltiplos usuários conectados em rede.

Brown e Cairns (2004) indicam que, para os usuários de jogos, o conceito de imersão está relacionado com o grau de envolvimento do indivíduo no ambiente virtual. Corrêa (2009) acrescenta ainda como um importante componente da imersão a sociabilidade que ocorre por meio das redes digitais, a qual, segundo ela, vai exigir dos participantes uma imersão tanto intelectual quanto prática. Segundo a autora, "a imersão intelectual impõe aos indivíduos a construção de novos conhecimentos e saberes; e a imersão nas aplicações, no uso dos aparatos e no exercício das trocas hipermediáticas reflete naturalmente a vivência" (Corrêa, 2009, p. 47).

Assim, a telepresença, a presença digital virtual, as diferentes formas de comunicação, de interação, de interatividade, possibilitadas no viver e conviver entre avatares nos MDV3D, dão origem a diferentes níveis de presencialidade, de *vividness*, de sentimento de pertencimento, fazendo com que a vida em comunidade também seja possível nesse mundos, o que faz com que a distância física seja apenas uma questão paradigmática e o alto nível de imersão da consciência seja experimentado quando os sujeitos, por meio de seus avatares, tornam-se parte desse mundo, penetrando, estando completamente absortos, num ambiente de aprendizagem constituído por diferentes recursos multimídia.

5. Metaverso... a cultura da virtualidade real nos MDVs

A cultura é mediada e determinada pela comunicação, e todas as formas de comunicação, de acordo com Rolando Barthes e Jean Baudrillard, apud Castells (1999), são baseadas na produção e consumo de sinais. Dessa forma, não existe separação entre "realidade" e representação simbólica, ou seja, a realidade, como é vivida, sempre foi virtual porque sempre é percebida por meio de símbolos. Em todas as sociedades, a humanidade existe em um ambiente simbólico e atua por meio dele. É na comunicação interativa humana, independentemente do meio, que todos os símbolos são, de certa forma, deslocados em relação ao sentido semântico que lhes é atribuído.

As próprias culturas, isto é, nossos sistemas de crenças e códigos historicamente produzidos são substancialmente transformados pelo novo sistema tecnológico e o serão ainda mais com o passar do tempo.

O surgimento de um novo sistema eletrônico de comunicação caracterizado pelo seu alcance global, integração de todos os meios de comunicação e interatividade potencial está mudando e mudará para sempre nossa cultura [...] está surgindo uma nova cultura: a cultura da virtualidade real (Castells, 1999, p. 355).

O que é historicamente específico ao novo sistema é a construção da virtualidade real e não a indução à realidade virtual. Assim, um sistema de comunicação que gera virtualidade real,

[...] é um sistema em que a própria realidade (ou seja, a experiência simbólica/material das pessoas) é inteiramente captada, totalmente imersa em uma composição de imagens virtuais no mundo do faz de conta, no qual as aparências não apenas se encontram na tela comunicadora da experiência, mas se transformam na experiência (Castells, 1999, p. 395).

Então, se a cultura é mediada e formada por processos de comunicação, as diferentes TDVs têm contribuído significativamente para o surgimento dessa nova cultura, denominada por Castells (1999) de Cultura da Virtualidade Real (CVR). No entanto, entendemos que ela tem o seu desenvolvimento acelerado e potencializado com o uso de tecnologias digitais, tais como: os MMORPG, os metaversos, os MDV3D, que se constituem por meio da comunicação, da ação, da interação e da interatividade dos sujeitos, representados por avatares, com o meio (espaço em 3D) e entre eles, ou seja, com os demais avatares.

Assim, é possível dizer que além das potencialidades dos MDVs, o viver e conviver nesses mundos contribuem para o surgimento de uma nova cultura, que se constitui a partir de elementos que existem apenas no contexto dos MDVs a partir das suas especificidades. A manifestação dessa cultura está diretamente ligada com as possibilidades de construção e a simbologia existente nos MDVs, os quais são carregados de significados, construídos a partir da interação entre pessoas de diferentes culturas. A diversidade de símbolos, significados, costumes etc. existentes dentro de um MDV faz com que eles sejam verdadeiros sistemas de comunicação produzindo uma nova cultura.

A experiência de viver e conviver nos MDVs, onde estamos envolvidos desde o início, com a própria concepção do mundo, suas leis, regras etc., por meio de nossos avatares, ou seja, por meio do existir de nossos corpos tecnologizados, possibilita não apenas "entrarmos em mundos distintos em distintos momentos de nosso viver, mas criarmos mundos distintos ao mudar nosso viver" (Maturana e Rezepka, 2000, p. 35).

Quando falamos em metaverso, falamos em mundos digitais virtuais constituídos por representações gráficas em 3D que podem ser inteiramente criadas por seus *e*-habitantes — os avatares, identidades digitais virtuais representadas por "corpos tecnologizados" que podem conversar uns com os outros, criar, iniciar negócios, ir a concertos, estudar, enfim, "estar juntos" de forma "digital virtual", criando/simulando uma sociedade com regras de organização e funcionamento definidas pelos seus próprios *e*-habitantes.

No entanto, a sociedade nesses mundos transita entre a vivência de um capitalismo digital virtual — na "virtualidade real" — e a lógica do socialismo presente na colaboração, na cooperação e na solidariedade em rede. Assim, as tecnologias de metaverso podem ser utilizadas como um grande simulador social, que possibilita criar uma rede social em que as relações se constituem por meio do "viver", configurando uma nova forma de convivência que se relaciona à virtualidade, a qual denominamos Convivência Digital Virtual (CDV), o que nos leva a afirmar que uma *Vida* acontece na "virtualidade real".

Dessa forma, entendemos que esses mundos possuem uma existência, uma realidade, porém de outra natureza, que se relaciona com o digital, com a virtualidade digital. Não podemos tomar uma presença, representada pelos avatares, por meio de "corpos tecnologizados" que e-habitam esses mundos e possibilitam a existência de uma vida digital virtual, como algo que não seja real, pois se constitui no que Castells (1999) denomina "Virtualidade Real".

Viver num MDV3D durante muito tempo pode despertar no avatar o sentimento de pertença, que é compartilhado por todo o espectro de avatares regulares. Os avatares existem nos MDV3D como nós existimos na sociedade: eles criam sua própria sociedade e sua própria Cultura da Virtualidade Real.

6. O hibridismo tecnológico e o surgimento do ECODI

Uma das tendências atuais no campo da Educação, vinculada ao uso de tecnologias digitais, é o hibridismo tecnológico digital. Nesse âmbito, algumas pesquisas que estamos desenvolvendo, no GPe-du Unisinos/CNPq, estão nos ajudando a compreender as potencialidades desse hibridismo, principalmente no que se refere ao uso de tecnologia de metaverso, integrada a outras tecnologias digitais, tais como: AVAs, agentes comunicativos, comunicadores instantâneos, *blogs*, *wikis*, diferentes redes sociais, para a educação. A potencialidade se efetiva justamente quando essas tecnologias integradas passam a ser utilizadas a partir de metodologias fundamentadas numa concepção interacionista/construtivista/sistêmica, favorecendo a atividade do sujeito, o controle e a imersão. Esses três fatores são considerados por Veen e Vrakking (2009) como cruciais para que os sujeitos sintam-se motivados a realizar atividades complexas e desafiadoras, para as quais a colaboração é uma estratégia viável já identificada por eles, ao jogarem diferentes tipos de *games*, para suplantar e resolver problemas. Assim, prioriza-se o desenvolvimento da autonomia, da autoria, da colaboração, da cooperação e do respeito mútuo, favorecendo a tomada de consciência e a metacognição para uma apropriação da tecnologia que privilegie valores humanísticos.

Nesse contexto, o GPe-du Unisinos/CNPq tem gerado, como resultado de pesquisas, algumas teorizações, tais como: "presença digital virtual relacional", "naturalizado digital", "identidade digital virtual", "cultura digital virtual", "(meta)cultura", "hibridismo nômade", "Espaço Digital Virtual de Convivência" e a tecnologia-conceito "Espaço de Convivência Digital Virtual (ECODI)".

Embora o termo ECODI tenha sido utilizado inicialmente por Schlemmer em 2006, no contexto do GPe-du Unisinos/CNPq, ele vem se constituindo ao longo do tempo pelo amadurecimento teórico, resultante de pesquisas desenvolvidas desde 1998 relacionadas ao uso de diferentes TDs em processos de ensino e de aprendizagem, a partir de uma abordagem interacionisto-construtivisto-sistêmico-complexa, que entende as tecnologias como potencializadoras do desenvolvimento sociocognitivo-afetivo dos sujeitos. O suporte teórico dessas pesquisas se fundamenta principalmente na *Epistemologia genética*, de Jean Piaget; na *Biologia do conhecer*, de Humberto Maturana e Francisco Varela; na *Biologia do amor*, de Humberto Maturana; e nos estudos do sociólogo Manuel Castells, entre outros. Dessa forma, o termo ECODI representa a síntese de construções teóricas e do estabelecimento de relações e articulações realizadas a partir do resultado de diferentes pesquisas desenvolvidas nesses últimos doze anos.

Segundo Schlemmer e Backes (2008), a expressão Espaço de Convivência Digital Virtual é uma (re)significação do conceito de Espaço de Convivência proposto por Maturana e Varela. A expressão é reconstruída ao retomar os conceitos de espaço, espaço de convivência e digital/virtual.

A palavra espaço foi utilizada ao longo da história da humanidade de diferentes formas. Assim, com o desenvolvimento da ciência e da sociedade, o conceito de espaço foi se transformando, se multiplicando e se distanciando de uma visão geométrica, um recipiente onde os objetos são depositados. Na transformação do conceito de espaço, que passa a ser compreendido como um conjunto de ações e relações, encontramos a multiplicidade no significado, podendo ser espaço social ou espaço econômico, dependendo das relações estabelecidas.

Maturana e Varela (2002) vão falar na configuração dos espaços de convivência, a qual ocorre no fluxo de interações entre os seres vivos e entre os seres vivos e o meio, o que possibilita a transformação dos seres vivos e do meio no viver cotidiano, entrelaçados pelas emoções, representações, perturbações e compensação das perturbações.

Ainda segundo Schlemmer e Backes (2008), o espaço de convivência, no contexto educacional, pode se configurar da seguinte forma: o educador tem um espaço que lhe é próprio para conviver com os estudantes e estes também têm um espaço que lhes é atribuído. Assim, nas interações, educador e estudantes configuram um espaço de convivência que lhes é comum, onde todos são coensinantes e coaprendentes. Quando não se configura este espaço de convivência, pode estar ocorrendo somente a transmissão de informações, sem propiciar a transformação do estudante e do educador, tampouco a construção do conhecimento. Nesta outra concepção alguém ensina e alguém aprende o que foi ensinado, não ocorrendo a autoprodução do conhecimento nem no estudante nem no educador. Em propostas educacionais que utilizam as TDVs a situação não é diferente. Isso ocorre porque, normalmente, há uma transposição ou reprodução das práticas pedagógicas adotadas em espaços presenciais físicos para os espaços digitais virtuais, não configurando, novamente, um espaço de convivência.

Para avançar na (re)significação, passamos a refletir sobre o termo Digital Virtual. Segundo Lévy (1999), o conceito de digital implica a ação de digitalizar. Digitalizar uma informação consiste em traduzi-la em números. Quase todas as informações podem ser codificadas desta forma. Por exemplo, se fizermos com que um número corresponda a cada letra do alfabeto, qualquer texto poderá ser transformado em uma série de números.

Segundo o autor, os dígitos possibilitam que as informações codificadas em números possam circular nos fios elétricos, informar circuitos eletrônicos, polarizar fitas magnéticas, traduzir em lampejos nas fibras óticas e assim por diante. As informações codificadas digitalmente podem ser transmitidas e copiadas quase indefinidamente sem perda da informação, pois são reconstituídas após a transmissão.

Já o conceito de virtual, para Lévy (1996), está relacionado à força e à potência, ou seja, o virtual "tende a atualizar-se, sem ter passado, no entanto, à concretização efetiva ou formal". O virtual não pode ser fixado nas coordenadas espacial-temporal, mas é real, o que permite existir sem estar atualizado.

Então, os espaços digitais virtuais são constituídos por *hardware* e *software*, e podem envolver: ambientes virtuais de aprendizagem; metaversos; mundos virtuais; comunidades virtuais de aprendizagem, de relacionamento e de prática; comunicadores instantâneos; *weblogs*; correio eletrônico; agentes comunicativos; entre outros. No contexto educacional, o desenvolvimento de práticas pedagógicas utilizando as TDVs precisa possibilitar a configuração do espaço digital virtual em espaço digital virtual de convivência.

Os espaços de convivência digitais virtuais são configurados na interação entre os seres vivos que se encontram por meio de diferentes TDVs integradas. Esta configuração ocorre na relação entre os seres vivos e o meio, de maneira particular e singular, no viver e conviver. Portanto, é fundamental a (re)significação das relações estabelecidas no viver do contexto educacional atual, em que educador e estudantes se constroem de forma recursiva e em congruência com o meio. Assim, será possível configurar os espaços de convivência digitais virtuais.

Para ocorrer a configuração, é preciso que as unidades dos sistemas vivos, em interação num determinado espaço digital virtual de convivência, atuem de forma dinâmica por meio do contexto. Na medida em que as perturbações recíprocas são efetivadas nas interações, este esquema dinâmico possibilita a configuração de um novo espaço, representando o domínio das relações e interações do sistema vivo como uma totalidade.

De acordo com Schlemmer et al. (2006), Schlemmer e Backes (2008), Schlemmer (2009), Schlemmer (2010), um ECODI compreende:

- diferentes TDs integradas, tais como: AVAs, MDV3D, tecnologias da *Web* 2.0, agentes comunicativos (ACs criados e programados para a interação), entre outros, que favoreçam diferentes formas de comunicação (textual, oral, gráfica e gestual);
- fluxo de comunicação e interação entre os sujeitos presentes nesse espaço; e
- fluxo de interação entre os sujeitos e o meio, ou seja, o próprio espaço tecnológico.

Um ECODI pressupõe, fundamentalmente, um tipo de interação que possibilita aos sujeitos (considerando sua ontogenia) — representados por avatares —, os "*e*-habitantes" desse espaço, configurá-lo de forma colaborativa e cooperativa, por meio do seu viver e do conviver. Nesse contexto, temos desenvolvido as seguintes pesquisas ECODI Unisinos (Figura 26), ECODI-Ricesu (Figura 27), ECODI Unisinos Virtual (Figura 28) e ECODI Stricto[27] (Figura 29), conforme a seguir:

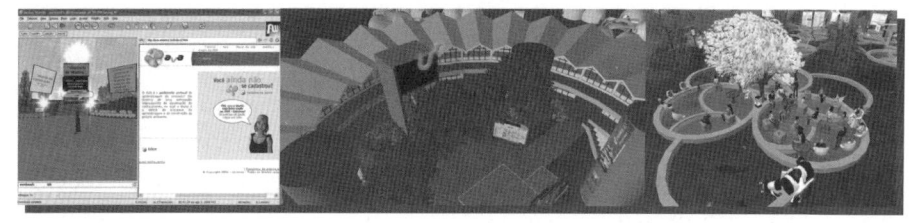

Figura 26. Ecodi Unisinos.

Figura 27. Ecodi-Ricesu.

Figura 28. Ecodi Unisinos Virtual.

---

27. Para mais informações sobre as pesquisas, acesse: <www.unisinos.br/pesquisa/educacao-digital>; <http://tinyurl.com/y9h3ekw>.

Figura 29. ECODI Stricto.

7. Um *framework* para a constituição de ECODI na educação

Ao referirmos o termo "educação", imediatamente construímos uma imagem mental de um espaço onde esses processos acontecem. É bem provável que a representação surgida seja a de uma escola, colégio, universidade, enfim, de um ambiente formal de sala de aula, com quatro paredes, classes, cadeiras, um quadro-negro ou verde (que também pode ser branco), quem sabe até um laboratório com alguns computadores, alguém que coordena o processo e os estudantes... mas o que acontece quando acrescentamos a esse termo a expressão "em Espaços de Convivência Digitais Virtuais (ECODI)"? Qual a imagem mental que construímos? Que representações temos para esses espaços? A seguir apresentamos na Figura 30 algumas imagens que representam processos educativos em MDV3D e em ECODI.

Ecodi Unisinos — integrando a tecnologia de metaverso (*Second Life*), AVA (*Moodle*) e as tecnologias da Web 2.0 (*wiki, blog, miniblog — twitter* e redes sociais — Orkut).

Reunião do GPe-du no Ecodi Unisinos

Ecodi-Ricesu

Ecodi-Ricesu

Figura 30. Processos educativos em MDV3D e em ECODI.

Segundo Schlemmer (2010b) nos ECODI, diferentes tecnologias baseadas em ambiente *Web* figuram como possibilidades efetivas para o desenvolvimento de espaços dinâmicos e relacionais, nos quais os sujeitos podem ter diferentes tipos e níveis de "presença", o que implica a telepresença (presença a distância), a presença digital virtual (por meio do avatar), permitindo-lhes agir e interagir com outros sujeitos, também presentes dessa forma, por meio de diferentes linguagens, num viver e conviver de forma digital virtual que ocorre nas interações síncronas e assíncronas, em congruência com esse meio digital virtual em 3D, possibilitando um alto nível de imersão. A sensação de "estar junto com" o outro, de forma digital virtual, é intensificada por esse avatar, que pode ser criado e totalmente personalizado pelo próprio sujeito para melhor representar o seu "eu digital virtual", o que propicia maior "proximidade" entre os sujeitos num espaço tecnológico que é puramente relacional.

Essa telepresença e presença, de natureza digital virtual, que possibilita o "estar junto digital virtual", a "proximidade relacional", minimiza a "falta de presença", entendida como presença física, bem como o sentimento de "distância", o que tem provocado discussões e reflexões profundas sobre os conceitos de presença e distância, entre outros, contribuindo para que a expressão "Educação a Distância" seja contraditória, instigando assim os pesquisadores a repensar o uso dela para nominar a experiência de aprendizagem com essas tecnologias, justamente por entender que a denominação tradicionalmente utilizada não representa o que verdadeiramente é percebido pelos sujeitos que aprendem nesses espaços

Trein e Backes (2009) referem que a utilização da expressão "Educação a Distância" pressupõe que os seres envolvidos no processo estejam distantes. Mas de que distância estamos falando? Entre corpos físicos?

Temos observado em nossas pesquisas que a criação de uma Identidade Digital Virtual (IDV) permite a imersão do sujeito num mundo onde pode agir e interagir no e com ele e seus *e*-habitantes e provoca um sentimento maior de presencialidade, de vivacidade, justamente em função dessa "presença digital virtual", a qual aproxima os sujeitos que, a partir dos seus "eus digitais virtuais", podem ter a sensação de "estar lá" no mesmo ambiente digital virtual de forma mais intensa. Assim, onde está a distância e o sentimento de ausência quando estamos juntos, de forma digital virtual, agindo e interagindo num MDV3D, configurando um espaço de convivência[28] próprio e particular nesse espaço de convivência digital virtual?[29] No entanto, é fundamental lembrar que estar simplesmente presente de forma presencial física, num espaço presencial físico, não configura uma convivência; estar simplesmente presente de forma digital virtual, por meio do avatar, num espaço digital virtual também não.

No âmbito de ECODI, diversos processos formativos e de capacitação foram desenvolvidos, desde 2006, provocando discussões e reflexões profundas no que se refere à apropriação tecnológica digital e também didático-pedagógica para a docência nesses novos tempos e espaços. Essa apropriação nos permitiu identificar alguns elementos fundamentais que perpassaram os processos formativos e de capacitação em ECODI, tais como: dificuldade inicial no uso de diferentes TDs integradas, o que provoca o sentimento de "estar perdido"; a necessidade de uso efetivo das diferentes TDs integradas, de forma a fazer sentido para o docente, possibilitando dessa forma o desenvolvimento de fluência tecnológica digital, conferindo-lhe a possibilidade de "ousar"; o prazer possibilitado por "estar nesse universo"; a vivência, como sujeito de aprendizagem, de um processo de construção do conheci-

---

28. Compreendendo espaço de convivência em Maturana (1997), onde por meio do fluxo de interações entre os seres vivos e entre ser vivo e o meio, é possibilitada a transformação mútua, em seu viver e conviver

29. Segundo Backes (2007, p. 70), para se configurar um espaço de convivência digital virtual "[...] é preciso que as unidades dos sistemas vivos, em interação num determinado espaço digital virtual de convivência, atuem de forma dinâmica por meio do contexto. Na medida em que as perturbações recíprocas são efetivadas nas interações, este esquema dinâmico possibilita a configuração de um novo espaço, representando o domínio das relações e interações do sistema vivo como uma totalidade".

mento no uso intensivo dessas diferentes TDs integradas, como provocador da realização de tomada de consciência pelos docentes sobre como se aprende nesses novos contextos, e que metodologias, práticas e processos de mediação pedagógica podem ser utilizados a fim de potencializar a aprendizagem dos sujeitos; a percepção de que o processo de aprendizagem do aluno, assim como o acompanhamento, ocorre de forma diferente, tendo o docente a função de orientar, auxiliar o aluno, deixando-o livre para criar, pois essa tecnologia possibilita ao aluno "conquistar" novos conhecimentos, conforme avança no desenvolvimento de projetos, o que se configura como desafio para o aluno, motivando-o a querer sempre mais; a percepção do uso da mediação para fins educativos, enquanto um desafio, principalmente em função da possibilidade existente nos MDV3D, que permitem utilizar diferentes linguagens combinadas (oral, textual, gestual e gráfica), num contexto que ainda se configura por uma tradição oral muito forte; a importância de ter formações específicas (técnica e pedagógica) que permitam ao docente construir estratégias e metodologias para um melhor aproveitamento, e ainda, poder aprender com os alunos, por meio de trocas (o que foi percebido como algo prazeroso), o que necessita do docente "saber lidar com estas situações"; um maior comprometimento em estar com os alunos e dos alunos estarem com o professor; a percepção da proximidade dos processos de mediação pedagógica nos MDV3D, com os processos de mediação pedagógica que ocorrem na modalidade presencial física, em função da sincronicidade, no entanto, com a possibilidade de "fazer coisas" que não poderiam ser feitas na *real life* (RL), ou vida real).

Essas experiências de formação e capacitação docente desenvolvidas em ECODI têm nos possibilitado encontrar, ainda, elementos identificados pelos sujeitos-participantes como potencializadores da aprendizagem, tais como:

- a virtualidade real, representada pela criação de MDV3D, ambientes dinâmicos multiusuários, criados em rede e navegáveis espacialmente, nos quais os cenários se modificam em tempo real à medida que os sujeitos-avatares (que o povoam) agem e interagem com e no "mundo";

- a telepresença e a presença digital virtual por meio de um avatar (que constrói uma identidade digital virtual) que pode realizar ações, manipular objetos tridimensionais, bem como utilizar diferentes formas de comunicação por meio das linguagens oral, textual, gestual e gráfica, na interação com os demais avatares;
- a representação gráfica do sujeito (avatar) dentro de um ambiente 3D facilita o contato virtual e permite a construção de uma imagem como referência para os interlocutores, o que contribui para a socialização entre os participantes, "humanizando" o contato e favorecendo de certa forma uma interação mais afetuosa entre os participantes;
- a possibilidade de personificação (avatar) e contextualização do ambiente (MDV3D) de estudo;
- a autonomia, a autoria, a mobilidade e a atuação interativa num movimento de "bilocação" (estar "aqui" enquanto primeira vida e "lá" enquanto segunda vida) possibilitam a vinculação dos mundos (presencial físico e digital virtual);
- a interação *on-line*, "face a face", possibilitada entre os avatares, a qualquer momento, o que permite ver uns aos outros, mesmo estando fisicamente distantes;
- o enriquecimento da experiência provocada pela sensação de imersão no MDV3D;
- a "sensação" de "estar presente", minimizando o sentimento de distância física dos cursos e/ou aulas *on-line*;
- a presença do avatar num MDV3D enquanto extensão do sujeitos num novo espaço;
- o sentimento de pertença, fundamental para se estabelecer laços de convivência e processos de cooperação e colaboração tão necessários para a construção do conhecimento;

- a compreensão de que há muitos recursos, tais como: *chat* de texto privado, em grupo ou ainda público, combinado com voz, num espaço em 3D, com a presença do sujeito, por meio do seu avatar, a possibilidade de simulação, de poder manipular objetos, os quais permitem atingir um nível de interação e participação que não é possível por meio de outras tecnologias.

É possível dizer, com base em Papert (1988), que a aquisição de qualquer conhecimento, novidade, pode ser simples se o sujeito consegue incorporá-lo ao seu "arsenal de modelos"; de outra forma, tudo pode parecer extremamente difícil... O que um sujeito pode aprender e como ele aprende depende dos modelos que têm disponíveis. Isso impõe, recursivamente, a questão de como ele aprendeu esses modelos.

Considerando a tendência atual ao hibridismo tecnológico digital, por meio da criação de ambientes de aprendizagem que integrem tecnologias de AVA, ferramentas da *Web* 2.0, tecnologias da *Web* 3D e ainda TMSF (tecnologias móveis sem fio), é possível perceber a variedade de possibilidades (veja bem, que estamos falando em possibilidades) existentes para os processos de ensino e de aprendizagem. A diversidade das práticas pode propiciar diferentes oportunidades de aprendizagem para distintos sujeitos, possibilitando ao docente acompanhar e avaliar continuamente as diferentes construções, que ocorrem em diversos espaços, problematizando-as e instigando-os no seu processo de aprender.

De acordo com Schlemmer (2010b), a partir do resultado das pesquisas desenvolvidas pelo GPe-du Unisinos/CNPq é proposto um *framework* para orientar a constituição de ECODI, o que envolve a análise do público a que se destina o processo formativo e de capacitação; a orientação teórico-epistemológica e didático-pedagógica; a escolha de tecnologias digitais virtuais, no âmbito de suas potencialidade e limites na relação com a modalidade a ser utilizada (*e-learning, b-learning, m-learning, p-learning, u-learning, i-learning,* ...), tudo o que compõe os diferentes contextos de aprendizagens.

Tabela 2. *Framework* orientador para a constituição de Ecodi

Natureza e nível do processo formativo e de capacitação	Qual a natureza do processo formativo e da capacitação que será desenvolvido? (ensino formal ou não formal) A que nível de ensino ele se destina? (educação infantil, Ensino Fundamental, Ensino Médio, profissionalizante, graduação, pós-graduação e educação continuada)	
Participantes	Quem são os participantes do processo formativo e de capacitação? Qual o nível de fluência tecnológica digital dos participantes? A que tecnologias eles têm acesso?	
Orientação teórico-epistemológica e didático-pedagógica	Quais os pressupostos teórico-epistemológicos que fundamentam o processo formativo e de capacitação? A partir desses pressupostos, que abordagem didático-pedagógica será utilizada? Qual o perfil esperado do participante que realizou determinado processo formativo e de capacitação?	
Conteúdo *(Mediação e intermediação pedagógica múltipla)*	O conteúdo se refere aos materiais didáticos, aos objetos de aprendizagem, enfim, à informação disponibilizada ao sujeito para que ele possa construir conhecimento (o conteúdo deve estar relacionado com os contextos). Que tipo de material didático será utilizado? Como será disponibilizado?	
Contexto de aprendizagem	Compreende os meios físico, digital virtual e social nos quais o sujeito age e interage. É o conjunto de circunstâncias que são relevantes para o aprendiz construir conhecimento.	
	Tecnologias digitais virtuais	Que tecnologias digitais virtuais serão utilizadas de forma integrada, para favorecer diferentes maneiras de comunicação (textual, oral, gráfica e gestual): *Web* 1.0, *Web* 2.0, *Web* 3.0, TMSF, simuladores, *games*, agentes comunicativos etc.?
	Modalidade a ser utilizada	A partir das definições anteriores, qual a modalidade educacional que será utilizada na realização do processo formativo e de capacitação (*e-learning, b-learning, m-learning, p-learning, u-learning, i-learning*)?
	Como está ocorrendo o fluxo de comunicação e interação entre os sujeitos presentes nesse espaço?	
	Como está ocorrendo o fluxo de interação entre os sujeitos e o meio, ou seja, o próprio espaço tecnológico?	
Um Ecodi pressupõe, fundamentalmente, um tipo de interação que possibilita aos "*e*-habitantes" (considerando sua ontogenia) desse espaço configurá-lo de forma colaborativa e cooperativa, por meio do seu viver e do conviver.		

Fonte: Schlemmer, Eliane. Dos ambientes virtuais de aprendizagem aos espaços de convivência digitais virtuais (ECODI): o que se mantém? O que se modificou? In: Valentini, Carla Beatriz; Soares do Sacramento, Eliana Maria (Org.). *E-book aprendizagem em ambientes virtuais*: compartilhando ideias e construindo cenários. 2. ed. Caxias do Sul: Educs, 2010. v. 2, p. 145-91.

É importante lembrar que o conteúdo e o contexto configuram um micromundo, que é *e*-habitado por outros avatares-atores, além do próprio sujeito da aprendizagem, tais como colegas, professores e parceiros. Assim, no caso da aprendizagem, o contexto é tecido em conjunto com o ato de aprender, mais do que em torno dele, como veiculado pela palavra "ambiente". O contexto não é visto como algo estável, mas como algo que está permanentemente mudando, em movimento. Muda porque é uma rede de interações que acontecem, sob a influência dos diversos atores presentes no contexto, e muda como resultado das interações que mantemos com ele.

O modo como percebemos isso, ou seja, a sua mutabilidade, é o modo como o contexto ajuda a construir a nossa experiência de aprendizagem. Assim, o contexto é dependente das atividades dos sujeitos. Quanto mais aberta ou socialmente complexa a atividade, menos nós podemos prever o seu desenvolvimento.

De acordo com Schlemmer (2010b), se entendemos que a aprendizagem acontece na interação do sujeito com o objeto de conhecimento[30] e, portanto, a interação se institui como um dos principais elementos de um processo educativo, então, podemos imaginar que os ECODI elevem a novos patamares o que hoje conhecemos por Educação a Distância, uma vez que esta, tradicionalmente, acontece quase exclusivamente por meio da linguagem textual. No entanto, os ECODI precisam ser entendidos não como substitutos dos espaços já existentes, mas sim como espaços diferenciados, complementares, de forma que possam coexistir. É preciso lembrar ainda que o simples fato de se utilizar uma novidade como os AVAs, as TMSFs, tecnologias da *Web* 2.0, da *Web* 3D, agentes comunicativos e mesmo os próprios ECODI, que são espaços tecnológicos digitais híbridos, não significa uma inovação na educação. Entretanto, representam uma possibilidade efetiva para novas compreensões de conceitos como tempo, espaço, presença, distância, inte-

---

30. Compreendido como tudo o que envolve o sujeito, o meio físico, o meio simbólico e o meio social.

ração, informação, conhecimento, provocando processos de desequilíbrio no sistema de significação do sujeito, impulsionando o rompimento de paradigmas e modificando a forma de desenvolver determinados processos. Assim, é necessário que professores-pesquisadores se apropriem dessas possibilidades para compreendê-las no contexto da sua natureza específica. Isto exige novas metodologias, práticas e processos de mediação pedagógica, de acordo com as potencialidades oferecidas, para se constituir numa inovação educacional. De outra forma, podemos estar falando apenas de uma novidade e não de uma inovação.

8. O uso de ECODI para a constituição de CVAP híbridas e nômades

Poderíamos pensar o uso de ECODI para a constituição de Comunidades Virtuais de Aprendizagem e de Prática (CVAP) híbridas e nômades? Para isso, é fundamental aproximarmos os conceitos de ECODI e CVAP e melhor compreender os conceitos de hibridismo e nomadismo, vinculados a esse contexto.

Por ECODI entendemos o conjunto formado por distintas TDs integradas que favoreçam diferentes formas de comunicação (textual, oral, gráfica e gestual); pelo fluxo de comunicação e interação entre os sujeitos presentes nesse espaço; e pelo fluxo de interação entre os sujeitos e o meio, ou seja, o próprio espaço tecnológico. De forma que um ECODI pressupõe, fundamentalmente, um tipo de interação que possibilita aos sujeitos (considerando sua ontogenia) — representados por avatares — os "*e*-habitantes" desse espaço, configurá-lo de forma colaborativa e cooperativa, por meio do seu viver e do conviver.

No âmbito dos ECODI, o hibridismo tecnológico digital é uma das condições para que ele se constitua como um ECODI, no entanto, somente o hibridismo tecnológico digital não é capaz de constituí-lo, pois, para isso, é preciso satisfazer mais duas condições, quais sejam: o fluxo de comunicação e interação entre os sujeitos presentes nesse espaço, e o fluxo de interação entre os sujeitos e o meio, ou seja, o próprio espaço tecnológico. Além disso, um ECODI precisa, necessariamente, ser configurado de forma colaborativa e cooperativa, por meio do viver e conviver dos sujeitos — avatares que o e-habitam.

Nesse contexto, uma das tecnologias que necessariamente precisam estar presentes nesse hibridismo tecnológico digital é a tecnologia de metaverso, que possibilita a construção de MDV3D e a criação de avatar. Assim, podemos falar em nomadismo, considerando o movimento de migração do sujeito entre as diferentes tecnologias digitais que compõem esse hibridismo tecnológico digital, incluindo, nesse caso, fundamentalmente os MDV3D.

Por CVAP entendemos o conjunto formado por diferentes sujeitos que, a partir de afinidades de interesses compartilhados, buscam juntos trocar informações, socializar práticas de trabalho e construir conhecimentos, de forma colaborativa e cooperativa, propiciando o desenvolvimento de novas aprendizagens em rede.

Segundo Moretti (2010), os conceitos de comunidade virtual de aprendizagem e de prática estão intimamente relacionados sendo, portanto, difíceis de serem separados e analisados isoladamente, pois contextos de trabalho tornam-se espaços de aprendizagem. Assim, toda CVAP possibilita a aprendizagem por meio de compartilhamento de práticas. A aprendizagem pode ser a razão pela qual a comunidade se reúne ou um resultado acidental de interações entre os seus membros.

De acordo com Moretti (2010), para Daniel, Schwier e McCalla (2003), as CVAP têm uma ênfase maior na individualidade, pois os membros buscam individualmente seus objetivos pessoais vinculados a conteúdos específicos de aprendizagem, desempenhando papéis individuais dentro da comunidade, de forma que a identidade da comunidade e o nível de participação dos seus membros dependem da capacidade de cada um deles em alcançar seus objetivos pessoais. Portanto, quando uma comunidade de prática está aprendendo o que precisa ser equilibrado é a realização dos objetivos comuns com os individuais, os quais podem coexistir, dependendo do nível e qualidade de aprendizagem e participação. No entanto, segundo Moretti (2010), ambos os tipos de comunidades são difíceis de alcançar de forma independente. É mais provável que coexistam em uma comunidade características de ambos os tipos, pois muitas vezes a prática e aprendizagem estão intimamente ligadas com a comunidade.

De acordo com Wenger (2007), apud Moretti (2010), as comunidades podem ser interpretadas de maneira mais ampla como sistemas sociais de aprendizagem, que podem combinar a aprendizagem individual com a coletiva, ou seja, o lugar onde a contribuição de cada membro individual torna-se parte do patrimônio intelectual de toda a comunidade. Aprendizagem e prática em uma comunidade costumam agir em conjunto, sendo muito raro que elas sejam completamente distintas.

Segundo Schlemmer (2012) se as comunidades de prática têm como objetivo principal a resolução de problemas e o compartilhamento de melhores práticas para resolvê-los, as comunidades de aprendizagem têm precisamente o objetivo de adquirir/consolidar conhecimentos e competências. Ainda com base em Wenger, é possível perceber que apesar de a aprendizagem não ser um objetivo declarado, tem um forte valor para a comunidade de prática. Nem todas as comunidades de aprendizagem podem ser comunidades de prática, embora seja possível que as comunidades de prática sejam também de aprendizagem.

Ainda de acordo com Schlemmer (2012), podemos dizer que uma CVAP se constitui pelo compartilhamento de práticas e pelo estudo e discussão de temas de interesse comuns aos membros da comunidade, sendo que as regras, as normas de funcionamento, são definidas por meio de negociação no grupo. O conteúdo de uma CVAP é produzido nas interações que surgem a partir das discussões, das reflexões, das leituras que podem ser sugeridas por qualquer membro da comunidade.

O conhecimento vai sendo construído e o sujeito aprende no processo de auto-organização do próprio pensamento conceitual, na medida em que necessita coordenar o seu ponto de vista com os demais pontos de vista, argumentos, evidências trazidas pelos membros da comunidade. Assim, por meio de CVAP é possível produzir conhecimento numa relação dialógica, fundamentada pela colaboração e pela cooperação, em que todos os membros podem desenvolver a capacidade de expressão e de escuta, num processo de autonomia (no que se refere à identificação de suas próprias necessidades de aprendizagem, bem como às formas de desenvolvê-la) e de autoria (no que se refere à responsabilidade pelo conteúdo da sua ação/interação, pelas relações que produzem ou pelo conhecimento que instituem). O acompanhamento e a avaliação são realizados por todos os membros continuamente.

Dessa forma, sujeitos que agem e interagem em CVAP tornam-se mais comprometidos e responsáveis pela própria aprendizagem, sentem-se mais engajados para contribuir com a aprendizagem dos seus colegas, o que possibilita a eles estabelecer e fortalecer laços afetivos, além de propiciar o desenvolvimento de processos de colaboração e de cooperação. O sucesso de uma CVAP depende da contribuição ativa de cada um de seus membros ao longo do tempo, de forma que por meio da colaboração/cooperação, possam atingir os objetivos comuns definidos pela comunidade.

Moretti (2010), na sua tese de doutorado[31] intitulada *La simulazione come strumento di produzione di conoscenza: comunità di apprendimento e di pratica nei mondi virtuali*, investiga e discute a criação/implementação de CVAP, por meio da imersão em Mundos Digitais Virtuais em 3D (desenvolvidos com a tecnologia de metaverso). Segundo a autora, é possível desenvolver CVAP por meio da imersão em MDV3D, sendo que estas apresentam um valor agregado em relação àquelas que se formam a partir do uso de tecnologias da *Web* 2.0. Se a *Web* permitiu desenvolver a aprendizagem colaborativa, a utilização de espaços

---

31. Em processo de publicação.

virtuais imersivos poderia desenvolver outras dimensões, como a possibilidade de construção de novos "objetos de conhecimento", a exposição real dos elementos abstratos, o compartilhamento de experiências e emoções em um ambiente informal e altamente personalizável. Se podemos resumir as características que indicam a formação de uma CVAP, como: agregação informal e espontânea; compartilhamento de práticas; construção e compartilhamento de significados; compartilhamento de objetivos, podemos dizer que não precisamos tanto da presença física, mas da "unidade de espírito". Assim, precisamos procurar demonstrar como essas características são desenvolvidas por meio da utilização de mundos virtuais e os novos recursos que possam surgir.

Assim, considerando o exposto anteriormente, podemos pensar no uso de ECODI para a constituição de Comunidades Virtuais de Aprendizagem e de Prática (CVAP) híbridas e nômades, nas quais o fluxo de comunicação e interação entre os sujeitos e o fluxo de interação entre os sujeitos e o meio poderiam ter início com a representação gráfica do sujeito por meio de um avatar, o qual se comunica, age e interage em espaços modelados graficamente em 3D. Esse processo teria continuidade pelo movimento nômade dos sujeitos no contexto do hibridismo tecnológico digital que integra um ECODI, ou seja, pelo uso combinado de diferentes tecnologias digitais, em distintos momentos, conforme necessidade da comunidade, sendo esta configurada pela colaboração e cooperação expressas no viver e conviver dos sujeitos — avatares que *e*-habitam esses diferentes espaços.

Entendemos que as diferentes formas de comunicação e interação (linguagem textual, oral, gestual e gráfica), a telepresença, a presença digital virtual, ambas possibilitadas pela representação por meio do avatar, em espaços em 3D, as quais propiciam um maior sentimento de imersão, podem potencializar a criação de laços sociais, as ações e interações numa CVAP em ECODI, sem, contudo, eliminar a necessidade de encontros físicos, mas pelo aumento da quantidade e qualidade das interações digitais virtuais.

9. Algumas considerações e reflexões...

É importante perceber que no universo do uso das tecnologias digitais, tanto em instituições educacionais, quanto em empresas, governo e organizações não governamentais, o hibridismo tecnológico digital é uma tendência e as CVAP representam uma alternativa real para ampliar os atuais espaços de interação, de troca de informações, de compartilhamento de conhecimentos, ideias, projetos, enfim, de convivência entre os sujeitos.

Para Schlemmer (2010), os ECODI podem se constituir como laboratórios para a descoberta e desenvolvimento de experiências sociais e educacionais. Isso pode ser observado na aproximação de crianças e adolescentes com a tecnologia e na forma como eles a utilizam. Diferentemente dos adultos, as crianças descobrem essas tecnologias digitais virtuais da mesma forma que estão descobrindo o mundo real físico, pela curiosidade, realizando experimentações, vivenciando. Elas criam novas formas de representação, regras de interação, de convivência, próprias da virtualidade real, e utilizam as propriedades e as potencialidades específicas da natureza desses novos meios. Enquanto isso, a nossa geração utiliza esses novos meios com um forte "sotaque" dos meios tradicionalmente conhecidos, ou seja, representamos nesses novos meios "mundos" já conhecidos, lugares, cidades, espaços de estudo e de trabalho, os quais nos são familiares, levando para a "segunda vida" a nossa primeira, reproduzindo modelos de interação e de convivência já consolidados. Essa nossa visão "cristalizada" é um tanto quanto distorcida do novo, impede-nos de explorar as potencialidades e possibilidades próprias da natureza desse meio, o que poderia nos levar a experimentar novas formas de organização social, novas regras de convivência, ou seja, efetivamente a alguma forma de inovação.

Nesse cenário, o uso de ECODI para a constituição de Comunidades Virtuais de Aprendizagem e de Prática (CVAP) híbridas e nômades, representa uma tendência, ou seja, CVA que utilizam diferentes tecnologias da *Web* 2.0 combinadas com tecnologias da *Web* 3D, tais como metaversos, mundos digitais virtuais em 3D de toda a natureza, incluindo jogos e simulações.

Nesse contexto, para além do hibridismo tecnológico digital, poderíamos pensar num sujeito-avatar... num híbrido no sentido de possuir uma representação/identidade física e uma representação/identidade digital virtual, existência física (corpo físico) e existência digital virtual (corpo tecnologizado-avatar), em um viver simultaneamente num mundo físico e num mundo digital virtual. Sendo ambos (corpo digital virtual — avatar — e mundo digital virtual) "espaços" exploráveis, que não se referem a um "espaço puro", como uma condição *a priori* da experiência do mundo, como encontramos em Kant (1983), apud Schlemmer (1998), mas constituindo-se no próprio objeto da experiência, onde por meio do e no avatar o sujeito vive, cria e re(cria) sua identidade; convive, criando espaços de convivência digitais virtuais, onde um mundo acontece.

Schlemmer (2012) questiona: teria o "nativo digital", a "geração *zapping*", a sua objetividade e subjetividade constituída a partir desse hibridismo? Nômades em função de que estão constantemente se mudando, ignorando fronteiras, a fim de buscar novos espaços capazes de satisfazer seus desejos, interesses. "Enquanto os especialistas continuam a falar do real e do virtual, as pessoas constroem uma vida na qual as fronteiras são cada vez mais permeáveis. [...] No futuro, as fronteiras permeáveis serão as mais interessantes para estudar e compreender" (Turkle, 1999, p. 118). De acordo com Turkle, a defesa da fronteira entre o virtual e o real, o esforço para situar certos tipos de experiência numa ou noutra dimensão está, atualmente, mais presente entre os especialistas do que entre os usuários, cidadãos das comunidades virtuais, que recusam essa fronteira e exprimem claramente o desejo humano de ter acesso aos dois aspectos simultaneamente. Para a autora,

> relações reais são aquelas em que as pessoas se sentem suficientemente ligadas para dar-lhes real importância. São essas relações que determinam a maneira pela qual cada um se percebe [...] ou o modo pelo qual vê a sua própria capacidade de relacionar-se com os outros". [...] Na vida *on-line*,

as pessoas encontram-se em situação de poder desempenhar papéis diferentes, adotando diversas personalidades nos diferentes lugares da Rede. Veem e experimentam inúmeros aspectos delas mesmas. Vivem intensamente tal multiplicidade [...] Nesse sentido, a vida *on-line* retoma um aspecto da vida cotidiana para levá-lo a um grau superior. [...] Para muitas pessoas, a comunidade virtual permite uma expressão mais livre dos inúmeros aspectos de si mesmas. Mas se trata de algo que também se vive no "resto da vida". [...] Na medida em que as coisas se fecham e o espaço reduz-se, o ciberespaço propõe alguma coisa da ordem do espaço-jogo: uma chance de experimentação inexistente no resto da vida, no R-V [...] quero destacar que as melhores possibilidades para o desenvolvimento das comunidades encontram-se nos lugares em que se cruzam as experiências virtuais e o resto da vida" (Turkle, 1999, p. 119-21).

Sabemos que as visões de mundo que temos são frutos de interpretações da realidade em que vivemos, evidenciando o quadro epistemológico que envolve os paradigmas. Cada sujeito conhece, pensa e age de acordo com os paradigmas que impregnam sua cultura. A geração atual vive a cultura digital virtual, co-habita e convive em novos espaços, novos mundos, utiliza diferentes meios/tecnologias combinadas, as quais possibilitam o desenvolvimento de distintas competências (o que reforça ainda mais a importância da coexistência desses meios/tecnologias). São sujeitos que se constituem também por meio das e nas comunidades virtuais criadas, deixando de vivenciar um só espaço, uma só comunidade, um só mundo, um único universo. Dessa forma, constroem experiências imersivas e interativas mais ricas, capazes de potencializar o seu desenvolvimento, contribuindo para a construção de novas visões de mundo, novos paradigmas.

Portanto, entendemos que observar tendências como a realidade aumentada, a realidade misturada, criar avatares, jogar MMORPGs, experimentar a *Web* 3D em dispositivos fixos e móveis, participar de reuniões e eventos em diferentes MDV3D, integrar grupos e comunidades *on-line* de pesquisa, constituem boas iniciativas para quem deseja conhecer melhor esse "mundo" e se aproximar da cultura em que vive o "nativo digital", a fim de identificar suas potencialidades e limitações.

No entanto, esse viver e conviver em diferentes espaços digitais virtuais não substituem o viver e o conviver nos mundos presenciais físicos, mas coexistem no âmbito das relações humanas que se estabelecem numa Sociedade em Rede.

3
Comunidades virtuais de aprendizagem e de prática em metaverso

Gaia Moretti

1. Virtual

A "organização que aprende" realiza a sua aprendizagem por meio de instrumentos diferentes, a maior parte hoje suportada das tecnologias informáticas e da *Web*. As comunidades virtuais não representem mais uma novidade, e quase todo o conhecimento tácito explicita-se nos foruns, grupos de discussão *on-line* etc. Uma "virtualidade secundária" já está realizada, falando em aprendizagem organizacional, nas empresas. Como realizar uma virtualidade primária (chamada também em presença), quer dizer, realizada nos mundos virtuais imersivos, com o suporte da tecnologia metaverso?

O rol da tecnologia em construir e gerir o conhecimento (tácito/ explícito) está desde já aceito e reconhecido como algo fundamental:

> nella conversione da conoscenza tacita a esplicita, l'esigenza primaria è quella di far comunicare le persone, e quindi un supporto efficace può

essere offerto dalle tecnologie di rete orientate alla comunicazione interpersonale, soprattutto quelle che favoriscono l'interazione di gruppo. [...] si viene quindi a delineare un modo diverso di apprendere l'apprendimento in rete, quello cioè che si basa sulla condivisione delle esperienze, sull'individuazione delle migliori pratiche e sull'aiuto reciproco nell'affrontare i problemi quotidiani della propria professione.[1]*

Estas tecnologias caracterizam a cotidianidade de cada indivíduo e organização, e permitem interagir e resolver problemas mais rapidamente e com uma precisão maior. Na descrição da tecnologia referenciada anteriormente, o maior valor desta é representado pela implementação da comunicação, a que permite, do seu lado, compartilhamento e cooperação. O "nível de virtualidade" no qual se coloca este tipo de aprendizagem, porém, não é muito elevado, e pode ser ainda desenvolvido no rumo de uma interatividade maior entre os usuários.

Se para "mundo virtual" entendemos o mundo da *Web*, as organizações já conhecem muito bem as múltiplas possibilidades oferecidas por esse mundo e conseguem desfrutá-las com resultados mais ou menos satisfatórios; de qualquer forma, está reconhecida a importância fundamental dos instrumentos de criação e compartilhamento *on-line* de conhecimento, os que permitem um *sharing* efetivo e um crescimento da produção do conhecimento. Este tipo de virtualidade, a que podemos chamar de "secundária", prevê que os sujeitos que trocam informações e conhecimento não se vejam, não interajam fisicamente entre si, não tenham nem a impressão de ficar interagindo com outros sujeitos (também físicos).

---

1. Trentin, G. *Apprendimento in rete e condivisione delle conoscenze*: ruolo, dinamiche e tecnologie delle comunità professionali on-line. Milano: Franco Angeli, 2004.

* Na conversão do conhecimento tácito em explicito, a exigência primária é que as pessoas comuniquem, assim um suporte eficaz pode ser oferecido pelas tecnologias de rede orientadas para a comunicação interpessoal, sobretudo aquelas que favorecem a interação de grupo [...] delineia-se assim uma forma diferente de aprender, a aprendizagem em rede, isto é, a aprendizagem que se baseia no compartilhamento das experiências, na individuação das melhores práticas e na ajuda recíproca enfrentando os problemas quotidianos da própria profissão.

Referenciando um estudo de alguns anos atrás

Il Web-Based Collaborative Learning rappresenta l'ultimo sviluppo del Web-based Training. L'apprendimento cooperativo e inventivo diventa il nucleo dell'intero processo: la costruzione di conoscenza personale da parte dei discenti insieme con altri attori (studenti, formatori, tutor).²*

A construção do conhecimento acontece, nesta visão, por meio do *Web Based Learning*; mas de qual *Web* estamos falando? Quando se fala de ambientes colaborativos *on-line*, normalmente se refere aos "tradicionais" (hoje) ambientes de colaboração como fórum, chat, blog, wiki; a colaboração, nestes ambientes, está fundada na comunicação por texto, na troca de informações entre os membros dos grupos, nas respostas às perguntas problemáticas etc.

Desta forma, os membros das comunidades organizacionais se comunicam em tempos mais rápidos, utilizando um imenso patrimônio de informações. A comunicação torna-se, obviamente, pervasiva da vida dos membros das comunidades de forma absoluta, parte importante da vida de cada indivíduo, central no desenvolvimento dos processos de trabalho.

Uma das maiores críticas transferidas à comunicação como processo completamente virtual é, de fato, aquela segundo a qual os sujeitos, assim se comunicando, "desaprendem" a comunicar-se realmente, ou seja, de modo *face to face*, como se fossem convencidos a comunicarem-se com computadores e não com outros sujeitos existentes, físicos e pensantes.

Esta crítica tem, com certeza, um fundo de verdade, mas não considera que a comunicação virtual não pode substituir a em presença; como

---

2. Costa, M. *Le comunità di pratica come leva per la formazione*, 2003. Disponível em: <http://www.univirtual.it/ssis/quaderni/ssis03.pdf>. Acesso em: jul. 2008.

* A aprendizagem colaborativa baseada na *Web* representa o último desenvolvimento da formação baseada na *web*. A aprendizagem cooperativa e inventiva vira o núcleo do processo; a construção do conhecimento pessoal por parte dos estudantes com outros atores (estudantes, formadores, orientadores).

já aconteceu com os *e-books*, que não conseguiram substituir completamente os livros de texto. Podem ser mais úteis, e mais utilizados, mas não conseguiram (de fato, não estão conseguindo³) substituir aquele "artefato de papel" que é o livro, e que nos acostumamos a ler. Da mesma forma

> non dobbiamo mai dimenticare che dietro alle comunità virtuali ci sono sempre comunità reali, di cui le persone fanno parte.⁴*

O que vale para cada tecnologia vale, geralmente, no ambiente organizacional: tanto as relações entre os membros das comunidades não se esgota *on-line* quanto as relações desenvolvidas por *e-mail* ou *chat* de texto não permanecem somente *on-line*.

O "medo subterrâneo", então, fica, por um lado, no convencimento de que utilizar tecnologias leve a uma excessiva despersonalização da relação entre os membros das comunidades profissionais, e, por outro, no medo que seja esquecida a existência da "contraparte real" da pessoa com a qual estamos falando, por exemplo, num fórum.

O "problema tecnológico" é muito antigo, e sempre existiu e existe um temor quase reverencial dos artefatos, construídos pelos homens, mas incapazes de submetê-los ou enganá-los; apesar disso, tecnologias e virtualidade representam um binômio produtivo e indispensável para as organizações.

A utilização da "virtualidade secundária", quer dizer, dos instrumentos "clássicos" da *Web* 2.0, ou seja, da *Web* que permite e torna possível implementar a colaboração, está desenvolvida e distribuída ao ponto de ser chamada a fazer parte da cotidianidade, e da cotidianidade organizacional:

> sempre di più si sviluppano, sia all'interno che all'esterno delle organizzazioni, network di apprendimento collaborativi e distribuiti. Questa

---

3. Apesar do lançamento do IPad em junho de 2010.
4. Trentin (2004, p. 39).
* Nunca devemos esquecer que atrás das comunidades virtuais sempre estão comunidades reais, das quais as pessoas fazem parte.

crescente tendenza all'uso delle tecnologie per promuovere la diffusione delle informazioni, per creare e distribuire più rapidamente la conoscenza, per archiviarla e riutilizzarla con indubbi benefici per l'organizzazione, per sviluppare specifiche competenze, ha incoraggiato lo sviluppo dei processi di apprendimento online e ha creato le basi per la nascita e lo sviluppo delle "Virtual Learning Community", concepite come luoghi — sia fisici che virtuali — in cui i partecipanti collaborano in modo attivo e proattivo con l'obiettivo di sviluppare specifiche competenze, esplorare nuove aree di conoscenza, migliorare l'efficacia e l'efficienza dei processi di applicazione della conoscenza esistente, proporre nuove idee e progetti per valutare e intraprendere nuove opportunità di business.[5]*

Com a *Web* 2.0 nasceu o desenvolvimento de dinâmicas colaborativas, antes muito difíceis de se realizarem; fórum, chat e wiki permitem a criação, a mudança e a discussão em tempo real de documentos e material *on-line*, por parte de cada membro de uma comunidade, se não mesmo a troca de conhecimento entre varias comunidades. Há uma boa razão para o nome de *collaborative learning*: a *Web* 2.0 permite e implementa, além do compartilhamento, a colaboração para construir conhecimento.

Falando nos fatores de Schein, podemos observar como a chegada da *Web* 2.0 os potencializou:

1. l'utilizzo di tecnologie pervasive e facili da usare conduce i membri dell'organizzazione a una immersione quotidiana nell'ambiente orga-

---

5. Elia, G.; Murgia, G. *Collaborative learning*: sistemi P2P, tecnologie open source e virtual learning community. Milano: Franco Angeli, 2008.

* Sempre mais desenvolvem-se, ao interno e externo das organizações, *network* de aprendizagem colaborativa distribuídos. Esta tendência crescente ao uso das tecnologias para promover a difusão das informações, para criar e distribuir o conhecimento mais rapidamente, para armazená-lo e reutilizá-lo com claros benefícios para a organização, para desenvolver competências específicas, encorajou o desenvolvimento dos processos de aprendizagem *on-line* e criou as bases para o nascimento e o desenvolvimento das Comunidades Virtuais de Aprendizagem, concebidas como lugares — físicos e também virtuais — onde os participantes colaboram de forma ativa e proativa com o objectivo de desenvolver competências específicas, explorar novas áreas de conhecimento, melhorar a eficácia e a eficiência dos processos de aplicação do conhecimento existente, propor novas ideias e novos projetos para avaliar e empreender novas oportunidades de *business*.

nizzativo, che li circonda attraverso tutte le applicazioni internet di cui l'organizzazione si avvale per il lavoro collaborativo delle comunità;
2. rispetto alle tendenze tecnologiche manifestate dalla società, l'organizzazione non fa altro che utilizzare nuovi strumenti tecnologici già diffusi in contesti non organizzativi per fini che sono, invece, specificamente organizzativi;
3. tutti i membri dell'organizzazione percepiscono la vicinanza gli uni degli altri e si integrano nelle comunità più facilmente; grazie alle applicazioni web, non è richiesto loro alcuno spostamento geografico e possono collaborare con altri membri avendo a disposizione tutto il materiale già prodotto.[6*]

Estes fatores poderiam ser na maior parte desenvolvidos por meio da utilização dos mundos virtuais, da tecnologia metaverso, que chamamos "virtualidade primária"?

A virtualidade primária ainda tem dificuldade em achar o seu lugar no ambiente organizacional, onde poderia trazer muitas vantagens, como algumas experimentações[7] estão demonstrando. Se o virtual é o mundo da rede, onde os usuários comunicam e colaboram por meio de

---

6. Moretti (2010), tese de doutorado defendida na Lumsa, Roma, Itália, em 17 de março de 2010. Título da tese: *A simulação como instrumento de produção de conhecimento*: comunidades de aprendizagem e de prática nos mundos virtuais.

* 1. A utilização de tecnologias penetrantes e fáceis de ser usadas conduz os membros de uma organização para uma imersão quotidiana no ambiente organizacional que os rodeia, através de todas as aplicações da internet que a organização utiliza para o trabalho colaborativo das comunidades.

2. Respeito às tendências tecnológicas manifestadas pela sociedade, a organização simplesmente utiliza novas ferramentas tecnológicas já difusas em outros contextos, para objetivos que são, ao contrário, especificamente organizacionais.

3. Todos os membros da organização percebem a proximidade uns com os outros e integram-se mais facilmente à comunidade; graças às aplicações *web*, não é pedido a eles algum deslocamento geográfico, e eles podem colaborar com outros membros, tendo à disposição todo o material já produzido.

7. No cenário nacional, a Indire Didagroup apresentou uma série de empresas-piloto de formação em SL, projetos de aprendizagem de línguas estrangeiras e *web design*. Disponível em: <www.didagroup.it>; <www.indire.it>. Em particular, Indire realizou alguns cursos para aprender *in world* em inglês e italiano, intervenções educativas realizadas não de forma tradicional, como o ensino, mas na crença de que o SL é útil para imergir os alunos em experiências que os levam ao atendimento do curso. Em <http://www.indire.it/content/index.php?action=read&id=1550>.

voz e texto, então as organizações o conhecem e o utilizam frequentemente e com poucas dificuldades. Ao contrário, se falarmos de virtual como de um metaverso tipo o *Second Life* (SL), ou de qualquer outro universo virtual imersivo, a perspectiva mudaria. Existem possibilidades para aquelas organizações que decidissem implementar a aprendizagem organizacional (e a formação) *in world*?

A resposta a esta pergunta depende muito do conhecimento geral que as organizações têm do virtual, especificamente dos mundos virtuais. Primeiro, a passagem da virtualidade secundária para aquela primária, em presença, não é imediatamente compreensível. Um sistema *e-learning* não representa necessariamente um exemplo de virtualidade em presença; para realizar, por exemplo, a passagem do uso de uma ferramenta *moodle* ao uso do *Second Life* para compartilhar materiais de áudio e vídeo, não basta reproduzir as aulas *on-line* no ambiente imersivo. Com certeza, pode ser feito, mas, como já falamos, a particularidade dos mundos virtuais está na possibilidade de criar coisas novas com novos instrumentos, não em reproduzir o que já se faz no mundo real.

Portanto, para utilizar as ferramentas virtuais para os fins de aprendizagem e formação, mas também para o trabalho colaborativo, é necessário, primeiro, conhecer a ferramenta que se utiliza:

> L'apparire di una nuova tecnologia stimola nuove forme comunicative e nuovi meccanismi d'interazione sociale con caratteristiche proprie, ma a volte queste forme tardano ad imporsi e nel suo primo avvento la tecnologia è invasa da vecchi messaggi che quasi non è in grado di veicolare.[8*]

---

está disponível o artigo de Andrea Benassi, de 21 de outubro de 2008, que apresenta o projeto e a filosofia com a qual foi realizado.

8. Sorrentino, G.; Ranieri, L. *Apprendimento 2.0, apprendimento 3D*: competizione evolutiva o integrazione?, 2007. Disponível em: <www.didagroup.it>. Acesso em: maio 2008.

* O surgimento de uma nova tecnologia estimula novas formas comunicativas e novos mecanismos de interação social com características próprias, mas, às vezes, essas formas demoram em impor-se, e no seu primeiro advento a tecnologia encontra-se invadida por velhas mensagens, que quase não consegue veicular.

Cada vez que uma nova tecnologia ingressar no sistema social, ela estimula novas formas, novas maneiras de comunicar, as quais, porém, frequentemente não são logo compreendidas; assim, a nova ferramenta tem que veicular mensagens-construtos sobre ferramentas e tecnologias antigas, quer dizer, mensagens que, ao fim de ser veiculadas de forma inovativa, precisam ser antes de tudo reconstrutos. Frequentemente, as novas ferramentas são consideradas inovadoras por causa da natureza da comunicação mediada pelo computador (CMC):

> [...] la comunicazione mediata dal computer è per sua natura fredda, ed è proprio questo suo limite naturale, raramente superato, che ha segnato la fine dell'e-learning, prima che compisse realmente i suoi primi passi. Ecco perchè oggi in molti guardano ai mondi virtuali come ad una panacea in grado di curare tutti i mali dell'apprendimento in rete.[9]*

Mas o fato de um instrumento ser novo não implica necessariamente que ele seja adequado. Se os problemas da aprendizagem em rede dependem do "frio" da comunicação, os mundos virtuais podem resolvê-los somente quando as possibilidades por eles oferecidas forem realmente desfrutadas. Cada novo instrumento inovador requer uma remodelagem da mensagem sobre isso mesmo, e vice-versa; isto vale, obviamente, também para a aprendizagem organizacional:

> Le teorie dell'apprendimento, quando anche si consideri l'attenzione posta ai processi cognitivi ad esso sottesi, non possono prescindere dall'emergere di nuovi media e di nuove forme di interazione sociale. Perseguendo un doppio obiettivo, da una parte modellare i nuovi stru-

---

9. Ibidem.

* [...] a comunicação mediada pelo computador é por sua natureza fria, e mesmo este seu limite natural, raramente superado, indicou a finalidade do *e-learning*, antes de ele realmente dar os primeiros passos. Por isso, hoje muitos olham para os mundos virtuais como uma panaceia capaz de curar cada doença da aprendizagem em rede.

menti per renderli adatti alla prassi formativa, dall'altra **adattando il proprio messaggio alle** caratteristiche del nuovo strumento.[10]*

Normalmente, os instrumentos utilizados devem ser adaptados às exigências, mas, por outro lado, os mesmos conteúdos da aprendizagem, os mesmos conteúdos que são veiculados, devem ser adaptados às exigências específicas das novas ferramentas. Isto representa, talvez, a caraterística essencial ao fim da realização de uma *virtual learning organization*.

Falando nos três fatores de Schein, então, a tecnologia metaverso parece oferecer possibilidades de desenvolvimento em tema de

1. immersività: i mondi virtuali sono luoghi digitali costruiti dagli utenti che li popolano, ognuno rappresentato da un avatar, il quale si muove ed agisce a tutti gli effetti all'interno del mondo, costruendo oggetti e relazioni con altri avatar. Nelle relazioni non è coinvolta solo la funzione di voce e testo, bensì anche di gesti e comportamenti legati al tipo di vestiario e di interessi
2. innovazione: la tecnologia metaverso, per quanto poco diffusa perché non "popolare" quanto il Web 2.0, è la tecnologia "più nuova" prima dell'arrivo del web semantico, che sembra in ogni caso ancora non di arrivo immediato
3. integrazione e percezione: la presenza virtuale dell'avatar permette all'utente da esso rappresentato di instaurare relazioni con altri avatar attraverso l'elemento "visivo" dell'avatar stesso.[11]**

---

10. Ivi.

* As teorias da aprendizagem, embora se considere a atenção sobre os processos cognitivos subentendidos, não podem prescindir pela emersão dos novos *media* e de novas formas de interação social. Perseguindo um duplo objetivo, por um lado, modelar as novas ferramentas para adaptá-las à prática de formação, por outro lado, adaptando a própria mensagem às características da nova ferramenta.

11. Moretti (2010).

** 1. Imersão: os mundos virtuais são lugares digitais construídos pelos usuários que nos povoam, cada um representado por um avatar, que se move e interage dentro do mundo, construindo objetos e relações com outros avatares. Nas relações não é envolvida apenas a função de voz e texto, mas também de gestos e comportamentos ligados ao vestiário e aos interesses;

O que precisa ser verificado, obviamente, são as condições que devem preexistir para a realização destes desenvolvimentos, e as criticidades que emergiriam no momento da aplicação prática, quer dizer, da realização de comunidades de aprendizagem e de prática num mundo virtual.

Começando com as condições que devem subsistir para permitir este desenvolvimento, podemos isolar pelo menos uma dimensão da *Learning Organization* (LO) que os mundos virtuais desenvolveriam no que diz respeito à *Web* 2.0: o espaço.

Os lugares da *Web* 2.0 são os lugares da rede, não identificáveis e imperceptíveis, não definíveis geográfica e visivelmente; os lugares dos metaversos, como o *Second Life*, são da mesma forma digitais e virtuais, mas são definíveis visível e espacialmente, pois são construídos em 3D. Esta mudança na dimensão do lugar, do espaço, é fundamental para compreender a contribuição da virtualidade primária na aprendizagem organizacional.

É importante lembrar que, também nas propostas mais novas de aprendizagem organizacional com utilização da tecnologia metaverso, nada exclui o uso simultâneo de diferentes tecnologias a fim de alcançar o mesmo objetivo. A fonte que vamos referenciar (Dalgarno, 2002, apud Moretti, 2010) ainda não fala expressamente de "mundos virtuais imersivos", porém, a sua contribuição deve-se ao fato de ter identificado algumas caraterísticas da aprendizagem coletiva que podem ser realizadas por meio da simulação. Algumas dessas características já foram realizadas na *Web* 2.0, outras poderiam ser realizadas nos mundos virtuais, todas poderiam ser implementadas por meio da "cooperação" entre a *Web* "clássica" e a tecnologia metaverso.

** (cont.) 2. Inovação: a tecnologia metaverso, embora pouco difundida enquanto não "popular" como a *Web* 2.0, é a tecnologia "mais nova" antes da chegada da *web* semântica, que parece ainda não chegar tão cedo;

** (cont.) 3. integração e percepção: a presença virtual do avatar permite ao usuário representado construir relações com outros avatares através do elemento "visível" do mesmo avatar.

Uma das condições necessárias para que se possa falar de uma organização virtual que aprende, portanto, é representada pela individuação dos lugares onde a aprendizagem se desenvolve. Portanto, se fala em *virtual learning environments* (VLEs),[12] lugares virtuais onde a aprendizagem é situada, *locations* onde se podem desenvolver as práticas da aprendizagem e a colaboração entre os membros da organização. Os lugares da *Web* 2.0 são, realmente, os fóruns, as ferramentas *blog* e *chat*, e se caracterizam pela utilização dos canais de voz e do editor de texto. Esses locais se caracterizam pela criação compartilhada de conteúdos por meio da participação de todos os membros; para estudar os elementos distintivos destes lugares, Dalgarno[13] aplica a divisão do construtivismo de Moshman aos ambientes virtuais de aprendizagem, assim identificando as caraterísticas formais deles. Vamos aqui pegar em consideração o modelo teórico proposto por Dalgarno, apesar de ter suas evidentes limitações por causa do escasso conhecimento dos mundos virtuais até poucos anos atrás. De qualquer forma, trata-se de uma exposição teórica útil para identificar alguns elementos fundamentais para a construção de ambientes virtuais de aprendizagem, válidos tanto no cenário da *Web* 2.0 quanto no dos mundos virtuais imersivos.

Dalgarno (2002, apud Moretti, 2010) e Sorrentino e Ranieri (2007) aplicam a subdivisão do construtivismo entre elementos endógenos, exógenos e dialéticos, no que diz respeito à instrução formal, à aprendizagem individual, à aprendizagem assistida e ao *learning by doing*. Os elementos distintivos dos *virtual learning environments* (VLEs) para a instrução formal resultam:[14]

a) simulazioni di luoghi difficili da visitare;
b) simulazione di ambienti microscopici;

---

12. Refere-se, entre outros, a "lugares" de *e-learning* em particular, ver Elia e Murgia (2008).
13. Cf. Dalgarno (2002), apud Moretti (2010).
14. Para o distintivo e a divisão relatados aqui, a referência é Dalgarno (2002, apud Moretti, 2010) e Sorrentino e Ranieri (2007).

c) simulazione di ambienti fisici contenenti entità comportamenti dinamici;
d) simulazione di ambienti pericolosi o costosi per la skill practice;
e) modellazione visuale di concetti astratti in 3D;
f) interfacce 3D per strutture di informazione complessa.*

Nesta primeira lista, na simulação como *construção de situações dinâmicas*, há um rol central, bem como as interfaces em 3D para a *visualização de conceitos abstratos* e de *interações complexas*.

O virtual, neste quadro teórico, tem função recriativa, quer dizer, oferecendo a possibilidade de recriar espaços, ambientes, lugares e conceitos que seriam difíceis, impossíveis, grandes, pequenos ou abstratos demais para ser reproduzidos.

Porém, trata-se não somente de reproduzir ambientes já existentes, mas de criar, partindo das exigências que dão vida aos ambientes virtuais de aprendizagem, novos ambientes que ofereçam a possibilidade de experimentar "ações virtuais" em lugar de experiências reais não possíveis ou, de qualquer forma, muito difícies de realizar. Em particular, o valor dado às técnicas de modelagem em 3D é interessante, pois já mostra uma centralidade do elemento gráfico construído (os objetos em 3D), o qual, nos mundos virtuais imersivos, pode-se também construir juntos (e muitas vezes têm que ser construídos).

Dalgarno individualiza os elementos que facilitam a aprendizagem individual em:

- modelli 3D o piccoli ambienti 3D incorporati all'interno delle risorse educative;

---

* a) Simulações de lugares difíceis a ser visitados;
b) Simulações de ambientes microscópicos;
c) Simulações de ambientes físicos que contêm entidades ou comportamentos dinâmicos;
d) Simulação de ambientes perigosos ou caros para a *skill practice*;
e) Modelação visual de conceitos abstratos em 3D;
f) Interfaces 3D para estruturas de informação complexa.

- risorse educative situate all'interno di un ambiente 3D;
- strumenti cognitivi 3D.[15]*

Enfim, quanto ao *learning by doing* e à aprendizagem assistida:
- l'ambiente 3D fornisce un "senso del luogo" come parte della Comunicazione Mediata dal Computer;
- l'ambiente 3D distribuito permette agli studenti di collaborare ad un compito a distanza;
- l'ambiente 3D distribuito permette agli insegnanti o esperti di fornire un sostegno.[16]**

As últimas duas afirmações parecem bastante comuns no cenário da *Web* 2.0, mas a segunda em importância central para nossa proposta. O ambiente 3D oferece ao seu usuário uma percepção do lugar, uma atribuição espacial, permite a ele sentir-se "em um lugar", e não perdido em um "não lugar" da rede. A Internet, assim, não é mais somente um lugar eletrônico onde *bytes* e informações circulam e são usufruíveis, mas um lugar feito também por locais *quase físicos,* lugares criados graficamente em 3D. Os gráficos tridimensionais, "simplesmente", simulam objetos e lugares físicos; essa simulação pode ser ou não completa, quer dizer, pode reproduzir lugares existentes, ou criar novos ambientes, que parecem, mas não são físicos, porém, como os ambientes físicos, contribuem para fornecer ao usuário o sentido do lugar onde ele se encontra.

---

15. Dalgarno (2002), apud Moretti (2010).

* • modelos 3D ou pequenos ambientes 3D incorporados aos recursos educacionais;
- recursos educacionais dentro de um ambiente 3D;
- ferramentas cognitivas 3D.

16. Ibidem.

** • o ambiente 3D fornece um "sentido do lugar" como parte da comunicação mediada pelo computador;
- o ambiente 3D distribuído permite aos usuários colaborarem com uma tarefa a distância;
- o ambiente 3D distribuído permite aos docentes ou especialistas fornecer um suporte.

Numa linha teórica muito símil, Miani e Caggiano[17] apresentam as especificidades da abordagem construtivista aplicada aos mundos virtuais (eles referem-se particularmente ao *Second Life*), indicando sete pontos assim definidos:

1) costruzione e non riproduzione;
2) rappresentazione della complessità;
3) mix tra emozioni, cognizioni e tecnologie;
4) situazioni di apprendimento basate su esperienze e casi reali;
5) rappresentazioni multiple della realtà;
6) pratiche riflessive e meta-cognitive;
7) apprendimento collaborativo.[18]*

Como já afirmado, na análise de Dalgarno não é presente a ideia dos mundos virtuais como ferramentas utilizáveis para a aprendizagem e a formação, também porque a difusão do *Second Life*, ou seja, de um dos "pioneiros" dos mundos virtuais imersivos, aconteceu em 2003; porém, os elementos que ele indica parecem confluir nos identificados por Miani e Caggiano, que cinco anos atrás realizaram a própria análise com a intenção de referirem-se especificamente ao *Second Life*.

Sistematizando todas as especificidades individualizadas, as macroáreas em que o virtual cobre, ou poderia cobrar, maior importância, podem ser consideradas as seguintes:

— o espaço;

---

17. Miani, S.; Caggiano, G. (2007). *Alla ricerca del metodo*. Disponível em: <www.didagroup.it>. Acesso em: maio 2008.

18. Ibidem.

* 1) construção e não reprodução;
2) representação da complexidade;
3) *mix* entre emoções, cognições e tecnologias;
4) situações de aprendizagem baseadas em experiências e casos reais;
5) representações múltiplas da realidade;
6) praticas de reflexão e metacognição;
7) aprendizagem colaborativa.

— a simulação dinâmica da complexidade;
— a colaboração e a cooperação.

Esta subdivisão pode reassumir, na nossa perspectiva, as motivações (e as formas) para as quais os ambientes de aprendizagem virtual responderiam às exigências da aprendizagem mais "tradicionais" dos sistemas de *e-learning*.

Primeiro, os VLEs fornecem uma percepção do espaço que outros ambientes virtuais não oferecem; eles permitem a realização daquela virtualidade primária e em presença, graças à qual os usuários movem-se e interagem em um ou mais espaços: isto só acontece num ambiente virtual imersivo, onde seja possível relacionar-se com outros usuários e objetos que ocupam um espaço próprio e contribuem em criar o espaço comum de relações. Um ambiente desta forma permite

> [...] l'inclusione fisica dell'utente, dotato della capacità di interagire con le immagini, consentendone la trasformazione in quello che da più parti è stato definito "spett-attore".[19]*

Além disso, um ambiente 3D imersivo permite ao usuário interagir com objetos, e não simplesmente com as imagens, efetuando, portanto, a passagem de "testemunha" a "ator" verdadeiro. A "conquista do espaço", a afirmação dos elementos 3D *on-line*, rende ao usuário protagonista a prática das suas ações, também sempre interações.[20] A imersividade está assim realizada num contexto, o virtual e o da *Web* em geral, em que, normalmente, não está percebida nem se crê possível.

---

19. Alinovi, F. *Mi gioco il cervello. Nascita e furori dei videogiochi*. Roma: Liocorno 2000.

* [...] a inclusão física do usuário, com as capacidades de interagir com as imagens, consentindo a transformação no assim definido "espect-actor" (Alinovi, 2000, p. 157).

20. Na tradição fenomenológica em Heidegger, o espaço "não é o tema nem o sujeito que vê o mundo como um espaço, a verdade é que o sujeito realmente entendido na sua ontologia, a existência, é em si espacial." In: Borgna, E. *I conflitti del conoscere*: strutture del sapere ed esperienza della follia. Milano: Feltrinelli, 2006.

Ficar imerso num ambiente virtual significa perceber-se parte daquele ambiente com relação ao espaço, ao tempo, às próprias coordenadas corpóreas e às dos outros: os fóruns não possibilitam este tipo de relação com os outros usuários, ao contrário, os mundos virtuais imersivos e os ambientes virtuais de aprendizagem em 3D permite-na, e, além disso, potencializam-na.

Por isso, o elemento 3D se reveste de tanta importância: por meio dele, os usuários podem acessar percepções espaciais que permitem visualizar de forma imediata e prática os acontecimentos, e intervir neles, sozinhos ou em grupos com outros usuários. Entendemos aqui, como "usuário", a pessoa que se mexe na tela do computador e cria a sua representação gráfica no mundo (o avatar) para vivenciar o mundo mesmo. O avatar é construído *ad hoc,* mudando algumas caraterísticas, físicas ou comportamentais, porém, o usuário "fica sempre atrás da tela", e isso implica uma transposição na representação gráfica no computador.[21]

Esta transposição, esta "mudança de identidade", nunca é completa, sobretudo nas comunidades estruturadas para fins de aprendizagem. Nas comunidades *on-line*, por exemplo, nos MMPORGs (*Massive Multiplayer On-line Role Games*), esta afirmação fica menos válida: mas, naqueles lugares, o escopo da presença é bem diferente, porque o escopo das atividades (quer dizer, dos jogos) é inserido num mundo que tem como fim o jogo, onde cada usuário representa um personagem imerso naquele mundo, mas com finalidades completamente diferentes daquelas do mundo real. Nos sistemas de simulação utilizados como ambientes de aprendizagem, ao contrário, o usuário entra como indivíduo que aprende e, portanto, levando consigo uma boa parte, quando não toda, da sua personalidade "originária".

Isto acontece também por causa da particular conformação dos que são chamados de "social virtual worlds",[22] dos quais o *Second Life* pode

---

21. Inserimos esta "digressão" para lembrar uma pergunta feita, durante uma aula na Unifor de Fortaleza (ago. 2009) por uma aluna: "O que vale ficar lá na frente do computador, você parado e o teu avatar movendo-se pelo mundo?"

22. Castronova, E. *Universi sintetici*: come le comunità online stanno cambiando la società e l'economia. Milano: Mondadori, 2007.

ser considerado o mais representativo; nos mundos virtuais deste tipo, onde os escopos não são definidos em princípio, mas dependem do usuário mesmo, o que decide "por que ficar no mundo" durante e depois de tê-lo explorado, tudo é experiência:

> expertise in virtual worlds such as Second Life is more dispersed, because the range of activities is much greater (encompassing building, playing, scripting, creating machinima or socialising, for instance). Each of these activities would involve particular forms of expertise.[23*]

Qualquer coisa que seja feita no SL é experiência; e qualquer experiência feita implica experiências precedentes, também experiências reais consolidadas. As finalidades perseguidas das comunidades de aprendizagem no SL não são fim a si mesmas: apesar de ser verdade que a maioria dos usuários ativos considera o *Second Life* "real" tanto quanto a "primeira vida" deles, as comunidades de aprendizagem, profissionais e de prática *in world* têm escopos muito reais, como desenvolver competências que possam ser utilizadas no mundo real, ou utilizar o SL como plataforma simulativa para atividades formativas/de trabalho, cujos resultados possam, enfim, ser utilizados na vida real.

Os sistemas simulativos, como já sublinhamos, permitem a reprodução da complexidade; não uma reprodução estática, uma cópia, mas uma reprodução dos princípios básicos de formação dessa complexidade, portanto uma reprodução dinâmica, um desenvolvimento dos mecanismos básicos que, relacionando-se, geram fenômenos complexos. É fácil imaginar quanto estes sistemas são úteis na simulação científica, e ainda mais na aprendizagem dos cientistas: o mesmo feito vale para a aprendizagem organizacional.

---

23. Oliver, M.; Carr, D. Learning in virtual worlds: using communities of practice to explain how people learn from play. *British Journal of Educational Technology*, v. 40, n. 3, p. 444-57, 2009.

* A experiência nos mundos virtuais como Second Life é mais dispersiva, pois a variação de atividades é mais alta (construir, brincar, escrever, criar ou socializar). Cada uma das atividades pode envolver várias formas de experiência (Oliver e Carr, 2009, p. 446).

Enfim, não último em importância é o aspecto colaborativo. Isto fica enormemente facilitado pelos dois primeiros aspectos e representa, provavelmente, o verdadeiro valor dos VLEs.

Nos clássicos sistemas de *e-learning*, a colaboração entre os usuários está limitada à troca de informações, a maioria de texto, de comentários, de discussões; nestes VLEs, assim definidos, ocorre o contrário, a colaboração pode ser experiencial, prática, visualizada e imediata. Podemos falar, nestes casos, de experiência virtual real: um grupo de pessoas que trabalham juntas e fazem uma experiências (por exemplo de exploração, construção, descoberta) e colaboram na construção de uma experiência comum *por meio da qual* aprendem. O elemento fundamental para este processo ser realizado chamaremos de presença digital virtual, quer dizer, aquela presença virtual mediada pelo avatar.

2. Presença digital virtual

A *Web* 2.0 e a CMC (*Computer Mediated Communication*) permitem aos usuários da internet "ser presentes" no território da rede; esta presença é realizada através de editor de texto, tecnologia VoiP, "risonhos" etc.

Quando falamos deste tipo de presença, estamos nos referindo à "telepresença". Por telepresença, entendemos a "presença virtual secundária" realizada através de todos os instrumentos disponibilizados pela *Web* 2.0, que não substituem a presença física, nem permitem o acesso às mesmas possibilidades de comunicação oferecidas pelo encontro face a face. A telepresença "infesta" todas as nossas ações em cada momento do dia: o telefone, o computador, todos os artefatos eletrônicos, apesar de ser "antigos", nos permitem aumentar a nossa presença física em lugares distantes, através da transmissão de voz ou de texto.

Ao contrário, o que nós entendemos com "presença digital virtual" é uma telepresença mediada por um avatar. O que acontece, "simplesmente", para um usuário que entre no SL com o seu avatar, quer dizer, com a construção gráfica em 3D que ele construiu de si mesmo e a qual (pelo menos no momento) o representa?

> Embodied as an avatar in a virtual world, people get a sense of physical presence. They feel like they are in the virtual place as opposite to sitting at their computer at their current location. When they meet the other avatars in their group, they get a sense of social presence. They feel like the others are there with them. There is enough willing suspension of disbelief to allow people to have a strong sense of being with the other people allowing them to interact as they would if were in close physical proximity.[24]*

Onde fórum e *chat* não podem oferecer a "percepção da presença física", nem a sensação de interagir pessoalmente, o avatar permite, ao contrário, a realização da que, de acordo com Schlemmer et al.,[25] chamamos *presença digital virtual*. Nos mundos virtuais acontece

> the creation of three-dimensional online graphic environments, where the subject can be telepresent through an avatar (avatar-driven telepresent), a 3D graphical representation through which s/he can interact making a kind of "digital-virtual life" emerge. This "digital-virtual life" has shaped and being shaped by a human being represented by a "digital-virtual self" in its relations with other digital-virtual "selves" represented by "technologised

---

24. Molka-Danielsen, J.; Deutschmann, M. *Learning and teaching in the virtual world of second life*. Tapir Acedemic Press, 2009.

* Representadas por avatares no mundo virtual, as pessoas experimentam a presença física. Elas percebem que ficar em um lugar virtual é o contrário de sentar na frente do computador. Quando elas encontram outros avatares no mesmo grupo, avança o sentido de presença social. As pessoas sentem-se como se as outras pessoas fossem com elas ao mesmo lugar. Há uma suspensão do juiz suficiente para permitir às pessoas ter um forte sentido de identidade, quando outras pessoas interagem com elas como fizeram se ficassem fisicamente perto.

25. Veja várias referências, Schlemmer et al. (2006, 2007, 2008, 2009), e, em particular, Schlemmer, Trein e Oliveira (2009, op.cit.). A *presença digital virtual* é muitas vezes chamada de *telepresença* por muitos autores, mas não parece adequado utilizar essa segunda definição, em primeiro lugar, porque o conceito de telepresença está estreitamente ligado ao de instrumentos secundários e virtual típico da *Web* 2.0, enquanto a primeira refere-se especificamente à presença de imersão em mundos virtuais.

bodies" (Lévy 1999), organising in communities in the cyberspace, creating digital-virtual social nets, shaping and being shaped by this culture.²⁶*

Falar em "vida digital virtual" e em "eu digital virtual" significa utilizar as duas dimensões da virtualidade e da digitalidade, combinando-as para obter a dimensão que é própria dos mundos virtuais, que não é mais a simples telepresença, mas um tipo diferente e mais complexo de presença.

A dimensão da digitalidade pertence ao aspecto propriamente informático e tecnológico da construção dos ambientes virtuais e dos avatares que moram neles/os frequentam; a virtualidade é entendida como a possibilidade da criação de ambientes, mundos, relações, alternativos aos reais, e potencialmente prosseguimentos deles.²⁷

Então, não somente mundos construídos utilizando números que criam objetos informáticos e gráficos, mas também mundos que podem "produzir" situações dinâmicas; os mundos digitais virtuais em 3D são, assim

> multimedia environments allowing communication through different supporting technologies, 3D representation, computer-graphics modelling, and used to represent the visual part of a virtual reality system. These environments are designed through special tools, such as programming language and VRML (Virtual Reality Modeling Language).²⁸**

---

26. Schlemmer, Trein e Oliveira (2009, p. 1).

* A criação de ambientes gráficos *on-line* 3D, onde o sujeito está telepresente por meio de um avatar, uma representação gráfica 3D onde se pode interagir criando uma vida digital virtual. Esta vida digital virtual mostra-se através da representação humana por meio de um "eu digital virtual" que se encontra em relação com outros "eles" digitais virtuais representados por corpos tecnológicos (Lévy, 1999) organizados em comunidades no *cyberespaço*, criando redes de sociedades digitais virtuais, formando e sendo formados por esta cultura (Schlemmer, Trein e Oliveira, 2009, p. 1).

27. Cf. Lévy (1999).

28. Schlemmer, Trein e Oliveira (2009, p. 2).

** Os ambientes multimídia permitem de comunicar com diferentes suportes tecnológicos, representação 3D, modelação gráfica, e representam a parte visual de um sistema de realidade virtual. Estes ambientes são desenhados por meio de ferramentas especiais, como linguagens de programação e VFML (Linguagem de modelação de realidade virtual).

Esta "parte visual dum sistema de realidade virtual" é, evidentemente, a propriedade mais representativa dos MDV3D (Mundos Digitais Virtuais em 3D); estes mundos oferecem a possibilidade de conseguir representar dinamicamente qualquer objeto (ou situação), de forma que o usuário possa ficar e se perceber imerso na realidade criada por ele mesmo ou por outros usuários.

Estes mundos são povoados por avatares, quer dizer, os que realmente vivenciam os ambientes virtuais dos quais participam; atrás de cada avatar fica o usuário associado a ele, o que usa a sua própria representação virtual para interagir no mundo, para, enfim, vivenciá-lo.

Esta "vida digital virtual" acha o seu cumprimento na telepresença, a qual nos MDV3D chega ao grau mais alto de realização, confrontado com os artefatos tecnológicos precedentes:[29]

Technology*	Communication	Telepresence level
MDV3D, Virtual Worlds, Virtual Reality, Online RPG	Multidirectional	High
Videoconference, Chat, Telephone, Virtual Communities, Simulators	Two-directional	Average
Television, Radio, Print, Cinema, Web Browsing, Mail	Unidirectional	Low

No seu nível mais alto de desenvolvimento, a telepresença se transforma no que chamamos de presença digital virtual, ou seja, uma representação digital virtual (o avatar) capaz de desenvolver interações dinâmicas e de se personalizar através de movimentos, roupas, expressões do rosto etc.

---

29. Ibidem, p. 4.

*

Tecnologia	Comunicação	Nível de telepresença
MDV3D, mundos virtuais, realidade virtual, *RPG on-line*	Multidirecional	Alto
Videoconferência, chat, telefone, comunidades virtuais, simuladores	Bidirecional	Médio
Televisão, rádio, *print*, cinema, *web browsing*, *e-mail*	Unidirecional	Baixo

Portanto, os usuários experimentam uma representação interativa de si mesmos, dos outros usuários e do mundo que os hospeda. Alguns elementos fundamentais individuados por uma das últimas pesquisas de Schlemmer et al. são, por exemplo:

- the linkage between telepresence sensation and a feeling of being immersed viable by interaction with a virtual body, which allows for more involvement with what is being developed;
- the linkage between telepresence feeling and the possibility to represent through an avatar a "digital-virtual self" similar or not to the physical shape, marking a differentiation between an image representation and textual representation in a forum, for example, highlighting the possibility to express oneself by gestures, movements, speech, look (representation of one's own self), among others, noting that these multiple ways of expression move with feelings and perceptions due to the fact that it is possible to "see" the other, his/her representation;
- some subjects have attributed telepresence to the possibility of opening up skills of communication and exchange of experience and knowledge. The 3D virtual world allows an approach with objects, people and spaces similar to the real world, creating situations only our second "self" can do, such as flying;
- the telepresence allows a more direct participation, which happens with the representation of a character that gives opinions and comes into contact with other people. It is also possible to see how colleagues perceive, see the world, act in particular situations, express their ideas, feelings and wishes in different languages. There is "a lot of knowledge and glances in real time on MV".[30]*

---

30. Ibidem, p. 8-9.

* • o *link* entre a sensação da telepresença e a sensação de imersão oferecida pela interação com o corpo virtual, que permite um envolvimento maior com o que está sendo desenvolvido;

Por estas afirmações, é possível indicar alguns elementos fundamentais para a definição da presença digital virtual:
- a imersividade;
- a caraterização pessoal, a expressão das emoções;
- a interação com os outros usuários.

A *presença digital virtual* é assim muito diferente pela simples *telepresença*, que permite um alto grau de interação com os outros usuários, uma baixa possibilidade de caraterização do próprio "eu digital" e um grau quase inexistente de imersividade.

Ao contrário, a *presença digital virtual* representa a expressão da *virtualidade primária ou em presença* e permite um alto nível de desenvolvimento das interações com os outros usuários *através* da imersividade e da pessoalização, quer dizer, a contínua criação do próprio eu digital virtual.

Então, se o *Web* 2.0 obteve muito sucesso no desenvolvimento dos processos de aprendizagem (organizacional ou não), através dos seus instrumentos característicos, os MDV3D podem oferecer ainda outras possibilidades, potenciando as relações entre os usuários, a troca de experiências e conhecimento, e as interações com o mesmo ambiente:

---

* (cont.) • a conexão entre a sensação de telepresença e a possibilidade de representar, por meio de um avatar, o próprio "eu digital virtual", similar ou não com a própria forma física, diferenciado pela representação por imagens ou texto de um fórum, por exemplo, evidenciando a possibilidade de exprimir-se com gestos, movimentos, palavras, olhadas (representações do próprio "eu") entre os outros, nada mais desta forma múltipla de expressão influencia a sensação e a percepção, pois é possível efetivamente olhar para o outro, a sua representação;

* (cont.)• Alguns sujeitos acharam que a telepresença pudesse abrir o caminho para competências de comunicação, troca de experiência e de conhecimento. O mundo virtual em 3D permite uma abordagem a objetos, pessoas e espaços, parecida com aquela do mundo real, criando situações que só o nosso "segundo eu" pode realizar, como voar;

* (cont.)• A telepresença permite uma participação mais direita, o que acontece com a representação de alguém que tem opiniões e entra em contato com outras pessoas. É também possível ver como os colegas percebem e veem o mundo, como agem em situações particulares, expressam suas ideias, sentem-se e querem em diferentes línguas. Há muito conhecimento ao mesmo tempo nos MVs.

When we take learning as something that occurs as the subject interacts with the object of knowledge and other subjects, which characterises interaction as the key element in an educational process, so we can imagine MDV3D and avatar telepresence raising what we now take as Distance Education to novel standards, once it traditionally occurs almost only through the textual language.[31]*

3. Comunidades virtuais, comunidades de aprendizagem, comunidades de prática

O conceito de "comunidade" foi muito desenvolvido nas pesquisas nacionais e internacionais, e mudou bastante com o desenvolvimento das novas tecnologias.

Os conceitos de "comunidade virtual",[32] de aprendizagem e de prática estão fortemente conectados e, por isso, são dificilmente separáveis e analisáveis singularmente. Podemos dizer que as comunidades virtuais são todas aquelas comunidades de pessoas conectadas através da rede, trocando mensagens, ideias, informações, pedidos, numa palavra: conhecimentos.

Podemos definir as comunidades de aprendizagem como os lugares onde se realiza aprendizagem ativa e participativa, não mais subordinada ao docente (como nas comunidades de ensino,[33] caracterizadas por uma forte hierarquia de papéis), mas patrimônio comum de cada aluno, que assim atua em processos de aprendizagem colaborativa.

---

31. Ibidem, p. 10.

* Quando consideramos a aprendizagem como alguma coisa que acontece ao sujeito quando ele interage com os objetos do conhecimentos e outros sujeitos, que caracteriza a interacção como o elemento-chave no processo educacional, assim podemos imaginar MDV3D e a telepresença por meio dos avatares como nós hoje consideramos a educação a distância a respeito aos novos padrões, pois tradicionalmente, o processo desenvolve-se apenas através da linguagem textual.

32. Micelli, S. *Imprese, reti e comunità virtuali*. Bologna: Etas, 2000. Castronova, E. *Universi sintetici*: come le comunità online stanno cambiando la società e l'economia. Milano: Mondadori, 2007.

33. Malizia, P. *Non solo soft. Attori, processi, sistemi*: un approccio sociologico. Milano: Franco Angeli, 2003.

Para desenvolver estes processos participativos, a comunidade de aprendizagem precisa de um momento formal para ser instituída; se a aprendizagem for realmente colaborativa, seguirão momentos formais (por exemplo, os encontros para a formação dos participantes), mas, sobretudo, momentos informais, nos quais os participantes se encontram e se conhecem reciprocamente, numa contínua troca de conhecimento, uma colaboração entre os usuários finalizada para a aprendizagem da comunidade inteira.

As comunidades de prática (CoPs), enfim, podem ser definidas como grupos de pessoas acomunadas por um trabalho comum, objetivos e práticas comuns:

> le comunità di pratica si delineano [...] come nuove forme organizzative che si affiancano a quelle tradizionali, integrandole, con l'obiettivo di promuovere ed instillare buone pratiche a supporto dei processi di condivisione di conoscenza, di apprendimento e di cambiamento/innovazione.[34]*

Por "práticas" entende-se o conjunto de procedimentos, rotinas, costumes compartilhados e, além de tudo, o processo de

> cattura, sviluppo, condivisione, mantenimento e valorizzazione della conoscenza presente all'interno della comunità. E' un insieme di idee, strumenti, informazioni, azioni, documenti, storie, esperienze, attività di apprendimento, basi di conoscenza che i partecipanti condividono. Una pratica di successo sviluppa processi di condivisione di conoscenza tacita ed esplicita sui quali si fonda il potenziale di valore presente nella comunità.[35]**

---

34. Elia e Murgia (2008, p. 187).

* As comunidades de prática configuram-se [...] como novas formas organizacionais a respeito às tradicionais, integrando-as com o objetivo de promover boas práticas suportando os processos de compartilhamento de conhecimento, aprendizagem e mudança/inovação.

35. Ibidem, p. 191.

** Captura, desenvolvimento, compartilhamento, manutenção e valorização do conhecimento presente dentro da comunidade. É um conjunto de ideias, ferramentas, informações, ações, documentos, histórias, experiências, atividades de aprendizagem, bases de conhecimento que os

Aprendizagem, experiência e compartilhamento resultam, mais uma vez, em características fundamentais para a constituição das comunidades. Em particular, as comunidades de prática podem oferecer

> ai membri di una organizzazione i mezzi per coordinare le loro interazioni nello stesso universo virtuale di conoscenza. L'apprendimento organizzativo diventa quindi un processo creativo, o meglio cogenerativo, di un ventaglio diversificato di nuovi saperi in grado di aprire la possibilità di affermare nuove e positive identificazioni, contribuendo a motivare l'altro, spingendo a coltivare strumenti di riconoscenza che facilitano l'interazione con la complessità sistemica in cui l'organizzazione e il singolo sono immersi.[36]*

As comunidades de prática representam também o lugar de encontro das experiências dos membros, das quais dependem a sabedoria e o conhecimento da comunidade:

> il sapere di una comunità viene continuamente arricchito dall'esperienza che i suoi membri accumulano nei diversi contesti di esperienza: ciascun membro di una comunità ha la sua possibilità di sviluppare le proprie e le riconosce, perché attivatore legittimo di una crescita del sapere che coincide con una crescita del proprio ruolo all'interno della comunità.[37]**

---

participantes compartilham. Uma prática de sucesso desenvolve processos de compartilhamento de conhecimento tácito e explícito sobre os quais se funda o potencial de valor presente na comunidade.

36. Costa, M. *Le comunità di pratica come leva per la formazione*, 2003. Disponível em: <http://www.univirtual.it/ssis/quaderni/ssis03.pdf>. Acesso em: jul. 2008.

* Para os membros de uma organização, os meios para coordenar as interações no mesmo universo virtual de conhecimento. A aprendizagem organizacional vira um processo criativo, melhor, de cogeração, um cenário diversificado de novas sabedorias que possibilitam ou afirmam novas e possíveis identificações, contribuindo para motivar outra pessoa, cultivando elementos de reconhecimento que facilitam a interação com a complexidade sistêmica na qual organização e indivíduo são imersos.

37. Ibidem, p. 21.

** O conhecimento de uma comunidade vem continuamente enriquecer-se pela experiência que os membros acumulam em diferentes contextos de experiência; cada membro de uma comunidade tem a sua própria possibilidade de desenvolver a sua e a reconhece, porque legitimamente ativa um crescimento do saber que coincide com o crescimento do seu rol dentro da comunidade.

O fator comum dos três tipos de comunidade é elas nascerem ou serem desenvolvidas muitas vezes internamente nas organizações, mais ou menos formalmente, quando e porque

> i contesti del lavoro diventano i contesti di apprendimento; i saperi sviluppati in locale acquisiscono una legittimità che deriva principalmente dal loro potenziale economico all'interno di un sistema che tende ad annullare i tradizionali costi della comunicazione.[38]*

O criador da estrutura teórica das comunidades de prática as define

> gruppi di persone che condividono un interesse, un insieme di problemi, una passione rispetto a una tematica e che approfondiscono la loro conoscenza ed esperienza in quest'area mediante interazioni continue. […] Queste persone non lavorano necessariamente insieme ogni giorno ma si incontrano perché riconoscono valore alle loro interazioni. Mentre passano del tempo insieme, condividono informazioni, intuizioni e consigli; si aiutano reciprocamente a risolvere i problemi; […] Possono creare strumenti, standard, progetti generici, manuali e altri documenti, oppure possono semplicemente sviluppare una comprensione tacita e condivisa delle cose che fanno. Ad ogni modo, accumulano conoscenza e allo stesso tempo diventano sempre più legati informalmente dal valore che trovano nell'apprendere insieme. […] Nel tempo, queste persone sviluppano una prospettiva particolare sulla loro tematica, un corpo di conoscenze condiviso, pratiche e approcci comuni, sviluppano relazioni personali e modi stabiliti di interagire, routine di interazione oltre a un comune senso di identità. In altre parole, diventano una comunità di pratica.[39]**

---

38. Micelli (2000, p. 4).

* Os contextos do trabalho viram os contextos de aprendizagem: os conhecimentos desenvolvidos localmente adquirem uma legitimidade que deriva principalmente pelo seu potencial econômico dentro de um sistema que tende ao cancelamento dos custos tradicionais da comunicação.

39. Wenger, McDermott e Snyder (2007, p. 44).

** Grupos de pessoas que compartilham um interesse, um conjunto de problemas, uma paixão respeito à uma temática, e que aprofundam seu conhecimento e experiência nesta área por meio de interações contínuas. […] Estas pessoas não trabalham necessariamente juntas cada dia, mas en-

Ainda, pelos recursos disponibilizados no *site*:

> Communities of practice are groups of people who share a concern or a passion for something they do and learn how to do it better as they interact regularly.⁴⁰*

Trata-se de uma comunidade de pessoas que compartilham formas de trabalho, experiências, instrumentos e práticas, e que considera a aprendizagem colaborativa um valor que tem que ser preservado: este compartilhamento acontece de forma espontânea e informal, através dos membros da comunidade, que aprendem continuamente.

O fundamento das comunidades de prática é entendido por Gamberini como a construção e o compartilhamento de significados. Nas palavras do autor:

> [...] è possibile individuare nelle comunità di pratiche il luogo in cui si svolge il lavoro e più in generale il luogo in cui si costruiscono i significati; dobbiamo quindi aspettarci che non saranno i singoli individui a dover determinare il senso e la direzione delle tecnologie, ma piuttosto le loro comunità di appartenenza, in particolar modo quelle lavorative. Una comunità di pratiche è un insieme di persone che possiede un linguaggio comune e dispone di strumenti e metodi per lavorare assieme. Le comunità di pratiche sono anch'esse, come gli ambienti ibridi, poco omogenee. I suoi partecipanti sono in un certo senso vicini, in altri lonta-

---

contram-se porque valorizam suas interações. No entanto que passam tempo juntas, elas compartilham informações, intuições e conselhos; ajudam-se reciprocamente em resolver problemas; [...] Podem criar ferramentas, padrões, projectos gerais, manuais e outros documentos, ou podem simplesmente desenvolver uma tácita compreensão do que eles fazem. De qualquer forma acumulam conhecimento e, ao mesmo tempo, viram sempre mais ligados informalmente pelo valor que acham na aprendizagem comum. [...] Ao longo do tempo, estas pessoas desenvolvem uma particular perspectiva sobre a sua temática, um corpo de conhecimentos compartilhado, práticas e abordagens comuns, desenvolvem relações pessoais e formas estabelecidas de interacção, além de um sentido comum de identidade, em outras palavras, viram uma comunidade de prática.

40. Disponível em: <http://www.ewenger.com/theory/index.htm>.

* As comunidades de prática são grupos de pessoas que compartilham uma paixão pelo que fazem e aprendem como fazê-lo melhor interagindo regularmente.

ni, relazioni e distanze variano con il variare dell'attività e con il livello di condivisione del significato, tutte cose che più della prossimità fisica costituiscono il vero cuore della comunità di pratica.[41*]

Pode-se falar em comunidades de prática *localizadas* ou *distribuídas*, relativamente à proximidade física dos membros da comunidade; a época da *Web* 2.0, com certeza, implementou o surgimento das comunidades distribuídas, as quais colaboram quase completamente *on-line* e que podem coletar membros em diferentes estados ou regiões.

As CoPs já são, basicamente, comunidades virtuais: desenvolvem-se com a ajuda e o suporte de *newsgroups*, *chats*, fórum e de todas as ferramentas colaborativas tecnológicas oferecidas pela rede, que não preveem a presença física. Além disso, estas viram assim

> i luoghi privilegiati dell'apprendimento organizzativo, in cui le conoscenze tacite individuali vengono messe in comune diventando routine condivise, sono le comunità di pratiche, aggregazioni informali di persone che condividono modalità di azione e di comportamento e modelli interpretativi di eventi e contesti. Gli aspetti peculiari delle comunità di pratiche, che le contraddistinguono dai gruppi di lavoro formali, consistono nella loro origine spontanea e nel carattere prevalentemente tacito della conoscenza condivisa al loro interno. [...] Portare alla luce le comunità di pratiche esistenti all'interno di un'organizzazione e supportare quelle emergenti diventa allora essenziale per incrementare l'apprendimento organizzativo e per creare conoscenza condivisa. La gestione consapevole dei processi

---

41. Gamberini, Luciano. Ergonomia e nuovi ambienti di lavoro. In: De Carlo, N. A. (Org.). *Management e lavoro, ergonomia, computer e comunicazione, formazione diffusa, apprendimento collettivo, learning organization, in teorie e strumenti per lo psicologo del lavoro*. Milano: Franco Angeli, 2002. v. 2.

* [...] é possível individuar nas comunidades de prática o lugar onde se desenvolve o trabalho e, mais em geral, o lugar onde se constroem significados; assim, não serão os indivíduos a determinar o sentido e a direção das tecnologias, mas sim as próprias comunidades, particularmente aquelas do trabalho. Uma comunidade de prática é um conjunto de pessoas que possui uma linguagem comum e dispõe de ferramentas e metodologias para trabalhar juntos. As comunidades de prática são também, como os ambientes híbridos, pouco homogêneas. Os participantes são de certa forma vizinhos, de outra longe, relações e distâncias variam com a variação da atividade e com o nível de compartilhamento do significado, tudo isto, mais do que a proximidade física, constitui o verdadeiro coração da comunidade de prática.

spontanei e delle dinamiche implicite di *organizational learning*, in vista di obiettivi di miglioramento e innovazione, è la caratteristica distintiva dell'organizzazione che apprende.[42*]

Também Daniel et al. (2003) catalogam as características das comunidades profissionais em sentido geral:

a) **Common identity**: Members develop shared understanding and common identity.

b) **Shared information and knowledge**: members share information and knowledge, or they are willing to develop a culture of sharing, voluntarily responding to requests for help.

c) **Voluntary participation**: members normally voluntarily participate in the activities of the community.

d) **Autonomy in setting goals**: a distributed community of practice sets its own agenda based on the needs of the members and these needs change over time as the community evolves and membership and environment changes.

e) **Awareness of social protocols and goals**: members in a distributed community of practice are normally aware of the acceptable social protocols and goals of the community.

f) **Awareness of membership**: members in a distributed community of practice are normally aware of each other in the community; that is, individuals have a reasonable knowledge of who is who and what they do in the community.

---

42. Galliani, Elisa Maria; Lanzoni, Paolo. I percorsi della formazione. In: De Carlo (2002, p. 131).

* Os lugares privilegiados da aprendizagem organizacional, onde os conhecimentos tácitos individuais são partilhados virando rotinas, são as comunidades de prática, agregações informais de pessoas que compartilham modalidades de ação e de comportamento, e modelos interpretativos de eventos e contextos. Os aspectos peculiares das comunidades de prática, que as distinguem dos grupos de trabalho formais, são a origem espontânea e o conhecimento tácito compartilhado [...] Assim, é essencial evidenciar as comunidades de prática existentes em uma organização, e suportar aquelas que estão emergindo, para aumentar a aprendizagem organizacional e criar conhecimento compartilhado. A gestão ciente dos processos espontâneos e das dinâmicas implícitas de aprendizagem organizacional, em vista de objetivos de melhoramento e inovação, é a característica que distingue a organização que aprende.

g) **Effective means of communications**: effective communication among others remains a key distinguishing factor among communities. Robust communication may include face-to-face meetings and technology-mediated communication such as email, videoconferencing, discussion forums, webpages, intelligent agents.*

Por esta definição, que retoma com força o índice de Wenger no seu *Comunità di pratica. Apprendimento, significato, identità*,[43] as comunidades de prática resultam fundadas sobre a participação, sobre o compartilhamento dos significados, sobre a identidade comum e sobre o forte vínculo entre os participantes (que é derivado pela comunhão dos interesses e dos objetivos, e que se realiza no sentido de pertencimento). As comunidades virtuais de aprendizagem possuem características diferentes, assim evidenciadas pelos autores:

> Virtual learning communities are closely related to distributed communities of practice in many ways. For example, both emphasize a social

---

* a) **Identidade comum**: os membros desenvolvem significados compartilhados e uma identidade comum.

b) **Informação e conhecimento compartilhado**: os membros compartilham informação e conhecimento, ou estão desenvolvendo a cultura do compartilhar, respondendo voluntariamente aos pedidos de ajuda.

c) **Participação voluntaria**: os membros normalmente participam voluntariamente nas actividades da comunidade.

d) **Autonomia no estabelecimento dos objetivos**: uma comunidade de pratica distribuída estabelece a sua agenda baseando-a sobre as necessidades dos membros, e estas necessidades mudam cada vez que a comunidade evolve e os membros e o ambiente mudam.

e) **Consciência dos protocolos sociais** e dos objetivos: os membros de uma comunidade de pratica distribuída são normalmente conscientes da aceitabilidade dos protocolos sociais e dos objetivos da comunidade.

f) **Consciência de ser membros**: os membros de uma comunidade de pratica distribuída são normalmente conscientes de cada um deles dentro da comunidade; isto é, os indivíduos conhecem razoavelmente quem eles são e o que eles fazem dentro da comunidade.

g) **Modalidades efectivas de comunicação**: uma comunicação efectiva entre os membros é um factor chave das comunidades. Uma comunicação forte inclui encontros faça — a faça ou mediados pelas tecnologia, como e-mails, videoconferências, discussões, forums, Web, agentes inteligentes.

43. Cf. Wenger (2006).

constructivist epistemology and they may both have learning goals. However, virtual learning communities and distributed communities of practice also have considerable differences in membership, goals and social norms. Fundamental elements that make up virtual learning communities include:

1. **Individuals**: people interact socially as they strive to satisfy their own learning needs or perform special roles in the community to enhance learning.
2. **Content**: individuals in virtual learning communities have explicit goals for learning about a particular content domain or topic.
3. **Shared purpose**: Individuals focus on an interest, need, information, service, or support, which provides a reason for belonging to the community.
4. **Social protocols**: virtual learning communities have tacit assumptions, rituals, protocols, rules, and laws that guide interactions among members.
5. **Communication**: CMI tools are used to support and mediate social interaction and facilitate a "sense of togetherness". Communication also involves exchanging information and sharing knowledge.[44][*]

---

44. Daniel, Schwier e McCalla (2002).

* As comunidades virtuais de aprendizagem são similares às comunidades de prática distribuídas em várias formas. Por exemplo, as duas são caracterizadas pela epistemologia social construtivista, e as duas podem ter objetivos de aprendizagem. Porém, as comunidades virtuais de aprendizagem e as comunidades de prática distribuídas têm também muitas diferenças no conceito de *membership*, objetivos e normas sociais. Elementos fundamentais que criam uma comunidade virtual de aprendizagem incluem:

1. Indivíduos: as pessoas interagem socialmente quando devem satisfazer as próprias necessidades ou ter um rol específico na comunidade que quer aprender.

2. Conteúdo: os indivíduos nas comunidades virtuais de aprendizagem explicitam objectivos de aprendizagem ao redor de um particular domínio de conteúdo ou topico.

3. Propósitos compartilhados: o foco dos indivíduos é sobre um interesse, uma necessidade, uma informação, serviço ou suporte, que fornece uma motivação para fazer parte da comunidade.

4. Protocolos sociais: as comunidades virtuais de aprendizagem têm assuntos tácitos, rituais, protocolos, regras e leis que dirigem as interações entre os membros.

5. Comunicação: as ferramentas da CMI são utilizados para suportar e mediar a interacção social e facilitar o sentimento de "pertencimento". A comunicação envolve também a troca de informações e o compartilhamento de conhecimento.

As comunidades de aprendizagem, segundo esta linha de pensamento, resultam diferentes das CoPs por causa da importância da individualidade: os objetivos de cada participante são explícitos e evidentes, com respeito a um conteúdo específico de aprendizagem, e a participação está finalizada quando se alcançam os objetivos dos indivíduos.

A identidade é descrita na comunidade de aprendizagem, tais como a prossecução de objetivos pessoais e papéis (individual) dentro da comunidade. Isso não significa que as comunidades de aprendizagem são simples agregados de indivíduos que perseguem objetivos pessoais, mas que a identidade da comunidade e o nível de participação dos seus membros dependem da capacidade de cada membro individualmente para alcançar seus objetivos pessoais. A comunidade passa a ser o lugar onde se podem perceber os sentidos possíveis de cada um, e pode ser um local de encontro, de participação e de identidade somente na medida em que não consegue satisfazer as necessidades individuais de aprendizagem. O mesmo Wenger, descrevendo as características específicas das comunidades de aprendizagem, afirma:

> le comunità di apprendimento diverranno luoghi di identità nella misura in cui renderanno possibili delle traiettorie, cioè nella misura in cui offriranno un passato e un futuro che si possano vivere come traiettoria personale.[45]*

Portanto, quando uma comunidade de prática faz da aprendizagem o seu elemento constitutivo, o que deve ser equilibrado é a realização dos objetivos, que podem se tornar comuns ou individuais (ou ambos coexistirem), dependendo do nível e qualidade da aprendizagem e participação.

---

45. Wenger (2006, p. 243).

* As comunidades de aprendizagem vão virar lugares de identidade na medida em que irão possibilitar alguns percursos, isto é, na medida em que irão oferecer um passado e um futuro que possam ser vivenciados como percurso pessoal.

Daniel, Schwier e McCalla, enfim, reúnem todas as diferenças entre os dois "tipos" de comunidades no seguinte quadro comparativo:

Virtual learning communities*	Distributed communities of practice
Less stable membership	Reasonably stable membership
Low degree of individual awareness	High degree of individual awareness
More formalized and more focused learning goals	Informal learmnings goals
More diverse language	Common learning language
Low shared understanding	High shared understanding
Strong sense of identity	Loose sense of identity
Strict distribution of responsabilities	Nno formal distribution of responsability
Easily disbanded	Less easily disbanded
Low level of trust	Reasoonable level of trust
Life span determined by extent to which goals or requirements are satisfied	Life span determined by the value the communuity provides to ts members
Pre-planned enterprise and fixed goals	A joint enterprise as understood and continually renegotiated by its members
Domain specific/interest	Shared practice/profission

*

Comunidades virtuais de aprendizagem	Comunidades de prática distribuídas
Membro instável	Membro razoavelmente estável
Baixo nível de consciência individual	Alto nível de consciência individual
Objetivos de aprendizagem mais formalizados e focalizados	Objetivos de aprendizagem informais
Diferentes linguagens	Linguagem comum
Poucos significados compartilhados	Alto nível de significados compartilhados
Forte sentido de identidade	Vago sentido de identidade
Clara distribuição das responsabilidades	Distribuição não formal das responsabilidades
Facilmente debandadas	Pouco facilmente debandadas
Baixo nível de confiança	Alto nível de confiança
Período de vida determinado pela satisfação dos objetivos ou requisitos	Período de vida determinado pelo valor que os membros atribuem à comunidade
Empresa planificada e com objetivos fixados	Empresa comum, compreendida e continuamente negociada pelos membros
Domínio/interesse específico	Praticas/profissões compartilhadas

É difícil alcançar ambos os tipos de comunidades de forma independente. É mais fácil conviver em uma comunidade com características dos dois tipos, pois muitas vezes a prática e aprendizagem estão intimamente ligadas com a comunidade. As comunidades podem ser interpretadas no sentido mais lato, como sistemas de aprendizagem social, que conseguem combinar a aprendizagem individual com a coletiva, ou seja, o lugar onde a contribuição de cada membro individual torna-se parte da herança intelectual de toda a comunidade. A aprendizagem e as práticas de uma comunidade, muitas vezes, desenvolvem-se em paralelo e, na verdade, é muito raro que elas sejam completamente distintas. Uma definição supletiva dos possíveis tipos de comunidades, centrada sobre objetivos alcançados por cada comunidade, é a seguinte:

> *Le comunità di pratiche* hanno soprattutto, l'obiettivo di trovare soluzioni a problemi attraverso lo scambio delle esperienze, la diffusione di nuovi strumenti o processi di lavoro. Sul piano tecnologico si utilizzano banche dati o applicazioni progettate per facilitare la cooperazione e l'individuazione delle soluzioni migliori o per sperimentare nuove procedure.
> *Le comunità di apprendimento* si possono definire come gruppi di persone che condividono l'obiettivo di acquisire determinate conoscenze e competenze. A tal fine sono usati, prevalentemente, tutoriali e aule virtuali per il trasferimento di contenuti, esercizi individuali e di gruppo per la verifica dell'apprendimento e test per la valutazione.
> *Le comunità professionali* sono finalizzate allo sviluppo di identità collettive legate all'esercizio di una stessa professione o di un ruolo organizzativo. Gli obiettivi sono prevalentemente di condivisione e di utilizzo di competenze affini nello svolgimento del lavoro: linguaggio, conoscenze comuni, codici deontologici, modelli organizzativi, prospettive professionali. Sono necessari strumenti adatti all'elaborazione di forme di condivisione, partecipazione e apprendimento complesse, quali gruppi di lavoro autonomi o esperti on line espressi dal gruppo.[46*]

---

46. Formez. *Comunità di pratiche, di apprendimento e professionali*: una metodologia per la progettazione. Roma: Xpress, 2002.

* As comunidades de pratica têm sobretudo o objetivo de achar soluções para problemas através da troca de experiências, a difusão de novas ferramentas ou processos de trabalho. Ao

Se as comunidades de prática focalizam-se em resolver problemas e partilhar as melhores práticas para resolvê-los, as comunidades de aprendizagem tem justamente o objetivo de adquirir e consolidar conhecimentos e competências. Um olhar sobre a definição das CoPs de Wenger mostra que, mesmo que a aprendizagem seja um objetivo declarado, têm um forte valor para a comunidade. Por isso, se nem todas as comunidades de aprendizagem podem ser comunidades de prática, quase todas as comunidades de prática podem desenvolver processos de aprendizagem.

É interessante notar que, ao entrar em jogo o aspecto virtual da comunidade, o aspecto individual prevalece em paralelo. As comunidades virtuais, inicialmente, são caracterizadas por um alto nível de especificidade, tanto no que pertence ao fator de identidade quanto ao conteúdo. É este elemento que segue as características do virtual? É o virtual a causa da declaração de individualidade?

Em parte, provavelmente, sim. O *Second Life* virtual é algo feito sob medida para o usuário, mesmo que ele entre imediatamente em contato com os outros e desenvolva relações com eles; em qualquer caso, o único a decidir sobre a sua segunda vida é o próprio usuário, para o qual é dada a escolha do nome ou a aparência a ser tomada, locais a visitar, amizades a serem feitas, e assim por diante. Neste sentido, o virtual não é nada mais que um instrumento para a afirmação do indivíduo como tal, o que lhe permite criar um mundo todo

---

nível tecnológico, utilizam-se bancas de dados ou aplicações projetadas para facilitar a cooperação e a individuação das melhores soluções, ou para experimentar novas metodologias.

* (cont.) As comunidades de aprendizagem podem ser definidas como grupos de pessoas que compartilham o objetivo de adquirir determinados conhecimentos e competências. Para este fim, são utilizados tutoriais e aulas virtuais para a transferência de conteúdos, exercitações individuais e de grupo para verificar a aprendizagem, e testes de avaliação.

* (cont.) As comuniadies profissionais têm como fim o desenvolvimento de identidades coletivas ligadas ao exercício da mesma profissão ou rol organizacional. Os objetivos são de compartilhamento e uso de competências comuns no trabalho: linguagem, conhecimentos comuns, códigos deontológicos, modelos organizacionais, perspectivas profissionais. É preciso utilizar ferramentas aptas à elaboração de formas de compartilhamento, participação e aprendizagem complexas, como grupos autónomos de trabalho ou especialistas *on-line*.

próprio sobre a realidade social ao redor dele, e ele não gosta de interferências. No entanto, em vez de uma causa é um efeito: o sucesso de mundos virtuais, mesmo antes dos MUDs (Multi-user dungeon) e MMORPGs, deriva de "hiperafirmação" da individualidade, do individualismo que caracteriza a sociedade contemporânea. O indivíduo, cada vez mais fechado em si mesmo, procura uma rota de fuga alternativa da realidade, e a tecnologia permite que ele "escape" no virtual.[47] Mas é desta forma que surgem as novas interações sociais: o indivíduo recria a sua segunda vida, uma espécie de sociedade à sua imagem e medida, estabelece e cultiva relações com pessoas como ele que "fugiram" da realidade. Fugidas ou não, em qualquer caso, essas pessoas formam uma "nova sociedade", formada pelas comunidades virtuais; é aqui que, pela pesquisa exasperada da individualidade, vai nascer uma forma de associação que se alimenta de si mesma e que acha na *Web* 2.0 e agora nos mundos virtuais o seu local de desenvolvimento.

Em qualquer caso, a internet é o local de encontro para os membros das comunidades. Elia e Murgia (2008) individuam as principais dimensões das comunidades[48] em local, hora, *status*, abordagem, tipologia de organização, tamanho e domínio. Novamente, a dimensão do "lugar" é fundamental para o nascimento e o desenvolvimento de uma comunidade que seja localizada ou distribuída; em qualquer caso, a comunidade tem uma dimensão espacial, tanto mais "rarefeita" quanto distribuída. O tipo de lugar, em seguida, determina qual interação entre os participantes é proporcional ao tamanho da comunidade, desenvolve ou não o pertencimento, e ajuda a determinar (sendo por

---

47. Para uma discussão do problema da "fuga" gerado pela utilização (excessiva) e pela tecnologia de realidade virtual, consulte Ciofi e Graziano (2003).

48. Elia e Murgia (2008). A referência dos autores é representada pelas VLCP, *Virtual Learning Communities of Practice*, que eles consideram como uma espécie de evolução, um "novo tipo de comunidade" no que diz respeito às comunidades de prática. Em qualquer caso, as dimensões indicadas pelos autores para o desenvolvimento das comunidades abraçam as comunidades de prática como as de aprendizagem, as quais, em seguida, caracterizam-se diferentemente, dependendo do tipo de comunidade desenvolvida.

seu lado determinado) a abordagem utilizada na formação e manutenção da mesma comunidade.

Onde o lugar seja representado pela *Web*, as ações implementadas na CoP certamente serão caraterizadas pela colaboração, aprendizagem coletiva, troca contínua e rápida do conhecimento. E se os lugares fossem os mundos digitais virtuais em 3D (MDV3D), o que poderia mudar?

O que se pretende discutir aqui é que a criação/implementação das comunidades de aprendizagem e prática nos mundos virtuais imersivos poderia desenvolver (e algumas tentativas de fazê-lo já podem prová-lo) algumas características das CoPs e das comunidades de aprendizagem, com um valor acrescentando respeito ao uso da "simples" *Web* 2.0. Se a *Web* tem permitido o desenvolvimento da aprendizagem colaborativa, a utilização de espaços virtuais imersivos poderia desenvolver, como foi mencionado nas páginas anteriores, outras dimensões, tais como a capacidade de construir novos objetos de conhecimento, a visualização concreta de elementos abstratos, o compartilhamento de experiências e emoções de maneira informal e altamente personalizável. Podemos resumir as características evidenciáveis das CoPs em:

- criação informal e agregação espontânea;
- compartilhamento de práticas;
- construção e compartilhamento de significados;
- objetivos partilhados;
- necessidade não tanto da presença física quanto de um "propósito comum".

Procura-se, em seguida, demonstrar como essas características serão desenvolvidas através da utilização de mundos virtuais e as novas características que possam surgir. Temos de ter em mente que, apesar destas diferenças evidenciáveis entre as CoPs e as comunidades de aprendizagem, se não é automático que uma comunidade de aprendizagem seja uma CoP, o contrário é provavelmente verdade; em uma comunidade de prática, a aprendizagem é um fator sempre presente, enquanto o desenvolvimento e o compartilhamento das melhores práticas não são implícitos em uma comunidade de aprendizagem. Falando em novas formas de comunidades a ser desenvolvidas utilizando as aplicações da net, Elia e Murgia (2008, p. 203) apresentam o conceito de *Virtual Learning Community* como o da

> nuova generazione delle tradizionali comunità di apprendimento (Learning Community). Esse sfruttano le potenzialità offerte dalle tecnologie per offrire ai partecipanti spazi virtuali condivisi dove poter collaborare ed interagire in modo più o meno formale per sviluppare competenze, scambiare know — how, risolvere problemi, creare valore. […] Una Virtual Learning Community non è solo un cyber-spazio nel quale sono disponibili strumenti per l'apprendimento online (come classi virtuali e forum di discussione) e contenuti utili ad avviare e sostenere il processo di apprendimento. Il contesto sociale è un elemento fondamentale per la creazione di una Virtual Learning Community. Infatti, sono le relazioni tra i membri e i legami sociali tra gli individui — tipici del rapporto face-to--face — che si sviluppano all'interno di un ambiente di Web Learning che caratterizzano una Virtual Learning Community.*

Este "novo tipo de comunidade" representa, na verdade, a transposição quase completa das comunidades virtuais de aprendizagem e prática. Trata-se de comunidades virtuais de aprendizagem que atuam com trabalho colaborativo e compartilham melhores práticas para criar

---

* Nova geração das tradicionais comunidades de aprendizagem. Elas desfrutam as potencialidades oferecidas pelas tecnologias para oferecer aos participantes espaços virtuais onde possam colaborar e interagir de forma mais ou menos formal, para desenvolver competências, trocar *know-how*, resolver problemas, criar valor […] Uma comunidade virtual de aprendizagem não é apenas um ciberespaço onde achar ferramentas para a aprendizagem *on-line* (como aulas virtuais ou fóruns de discussão) e conteúdos úteis para o processo de aprendizagem. O contexto social é um elemento fundamental para a criação de uma comunidade virtual de aprendizagem. São as relações entre os membros e as conexões sociais entre os indivíduos — típicos da relação face a face — que se desenvolvem dentro de um ambiente *Web Learning* que caracterizam uma Comunidade Virtual de Aprendizagem (p. 203).

e repartir ainda novos conhecimentos. O interessante é que os autores salientam que

> la dimensione virtuale della Learning Community non deve però completamente annullare la dimensione fisica del legame tra i partecipanti. Il superamento delle barriere spaziali e temporali offre nuove opportunità e possibilità per instaurare e consolidare le relazioni tra i membri della comunità, attraverso l'utilizzo di strumenti online; questo però non esclude l'esistenza del rapporto face-to-face, dell'incontro durante il quale i partecipanti possono associare l'identità "fisica" a quella "virtuale". Ciò crea le condizioni di base per costruire legami di fiducia e stima reciproca tra i partecipanti che costituiscono poi le condizioni al contorno per rendere efficaci le comunicazioni virtuali.*

Sendo que a modalidade "blended" é agora reconhecida como provavelmente a melhor maneira de trabalhar de uma comunidade virtual de aprendizagem, tenta-se inserir o uso dos mundos virtuais imersivos nesta definição da comunidade, e surgem algumas questões: os laços entre os participantes não poderiam "começar" a se desenvolver na construção do ambiente virtual imersivo, onde todos estão representados graficamente e através da sua representação manifestam a sua personalidade e identidade? A opinião dos membros duma comunidade num mundo virtual, mas espacialmente definido e certamente construível colaborativamente, não daria apoio à construção de relações entre os membros? A presença da imersão digital virtual não poderia apoiar as ações "virtuais" da comunidade, sem eliminar a necessidade de encontro físico, mas sim aumentando a quantidade e a qualidade dos relacionamentos virtuais?

---

* A dimensão virtual da comunidade de aprendizagem não deve completamente cancelar aquela física, de conexão entre os participantes. Superar as barreiras espaciais e temporais oferece novas oportunidades e possibilidades para criar e consolidar relações entre os membros da comunidade, através do uso de ferramentas *on-line*; porém, isto não exclui a existência da relação face a face, do encontro onde os participantes podem associar a identidade física com aquela virtual. Isto cria as condições básicas para construir relações de confiança e estima entre os participantes, as quais constituem as condições para que as comunicações virtuais sejam eficazes.

4. Comunidades Virtuais de Aprendizagem e Prática (CVAP) em metaverso

De acordo com Wenger (2006), as comunidades de prática (CoPs) são grupos de pessoas que compartilham um interesse comum para alcançar alguns objetivos, para "fazer melhor juntos do que sozinhos"; CoPs são grupos de pessoas que trabalham em conjunto e compartilham práticas, experiências e metodologias de trabalho colaborativo; são grupos de pessoas definidos por uma configuração de características: o domínio (de certo interesse comum e compartilhado), a comunidade (membros que participam em conjunto nas atividades) e a prática (compartilhamento de recursos e metodologias de trabalho).

As CoPs podem ser grupos tanto informais quanto formais; de acordo com a primeira definição de Wenger (2006), as CoPs devem ser grupos informais, principalmente, no sentido de associações a serem construídas pelo próprios membros. Na segunda versão da teoria de Wenger (Wenger; McDermot; Snyder, 2007), as CoPs são grupos que podem ser também formalizados, a fim de permitir à organização a criação de espaços e ferramentas (*bullettin board*, listas de discussão, videoconferências, boletins informativos, fórum, *wiki*, *blogs* etc.) para melhorar a atividade da própria comunidade. Na opinião de quem escreve, uma versão não deve excluir a outra: a informalidade é um dos elementos fundamentais duma CoP por causa da interação entre os membros, um processo que se desenvolve de maneira diferente se o grupo é formal ou informal. O processo formal de criação e implementação de uma CoP permite inserir a mesma estrutura da comunidade no quadro organizacional, como uma parte substancial do quadro organizacional inteiro. Em nossa opinião, também de acordo com Daniel, Schwier e McCalla (2003), as CoPs são caracterizadas por objetivos de aprendizagem informal e por uma distribuição informal de responsabilidades. Isso é válido principalmente para as comunidades de prática distribuídas, ou seja, as comunidades de membros geograficamente distribuídos em diferentes países.

Na nossa perspectiva, as comunidades de prática podem ser desenvolvidas de maneira informal através das *Virtual Technologies*; segundo Schlemmer (2008, 2009), podem-se utilizar ferramentas virtuais para se desenvolver características das comunidades como emotividade, sentido da adesão, colaboração e cooperação. Nós definimos uma comunidade virtual de prática como uma CoP digital desenvolvida em ambientes virtuais (como os MDV3D ou ambientes da *Web* 2.0); este tipo de comunidade pode ser fundamental para o desenvolvimento das organizações produtivas, porque os elementos subjacentes das organizações são as pessoas (Porter, 2003; Nonaka, 1998; Davenport e Prusak, 2000; Moretti, 2009).

O nível de "virtualidade" da comunidade pode ser diferente se nós estamos usando ambientes digitais virtuais ou ferramentas da *Web* 2.0 para o seu desenvolvimento; no segundo caso, chamamos este processo de "virtualidade secundária" (Moretti, 2010). Este tipo de virtualidade é caracterizada pelo compartilhamento e a interação, principalmente, através de texto e voz; o usuário é representado por aquilo que ele escreve ou diz, e muitas vezes os grupos de trabalho não têm uma interação entre as representações virtuais dos membros. Nesta virtualidade "secundária", é possível escrever, ler, discutir, trabalhar e aprender em conjunto, mas não é possível, na maioria dos casos, ter a sensação de *presença* dos usuários, e perceber e construir o espaço digital ao redor. Os Mundos Digitais Virtuais em 3D, que chamamos um tipo de "virtualidade primária", permitem:

> the creation of three-dimensional online graphic environments, where the subject can be telepresent through an avatar (avatar-driven telepresent), a 3D graphical representation through which s/he can interact making a kind of "digital-virtual life" emerge. This "digital-virtual life" has shaped and being shaped by a human being represented by a "digital-virtual self" in its relations with other digital-virtual "selves" represented by "technologised bodies" organising in communities in the cyberspace, creating digital-virtual social nets, shaping and being shaped by this culture.[49*]

---

49. Schlermmer, Trein e Oliveira (2009, p. 25).

* A criação de ambientes gráficos *on-line* 3D, onde o sujeito está telepresente por meio de um avatar, uma representação gráfica 3D onde se pode interagir criando uma vida digital virtual. Esta

Segundo Moretti (2010), o conceito de comunidade de prática não pode ser separado do conceito da comunidade de aprendizagem. A comunidade de prática, na verdade, aprende continuamente com a experiência dos membros, as situações, os projetos, e os membros sempre aprendem juntos e aprendem um com o outro: é sempre possível aprender nas práticas de compartilhamento.

As tecnologias digitais virtuais podem implementar este tipo de comunidade: de acordo com Moretti (2010), as CVAP podem ser desenvolvidas nos Ambientes Virtuais Digital, devido à presença de formas diferentes de expressar a cooperação e a colaboração. Nos MDV3D, acima de tudo, os membros das comunidades podem colaborar não só em escrever documentos juntos (o que acontece, por exemplo, em ferramentas como Google Docs ou Wiki), mas também na construção de objetos em conjunto, em realizar simulações ou participar delas, a fim de uma formação através da experiência digital. A imersão, o caráter fundamental dos MDV3D, permite o desenvolvimento de interações digitais entre os membros da comunidade, pois eles podem construir objetos de conhecimento, podem construir uma representação digital de conceitos abstratos, podem compartilhar experiências e práticas em um ambiente que permite que um monte de (virtuais) ações ocorram.

Sugerimos aqui que o uso dos MDV3D permite a realização da assim chamada "virtualidade real",[50] uma virtualidade experimentada pelos membros através dos seus avatares, representações digitais virtuais que os membros usam para viver e trabalhar nos mundos virtuais.

Na nossa perspectiva, o uso da tecnologia metaverso para o desenvolvimento das comunidades pode ser exibido na definição de ECODI.[51]

Um ECODI é um espaço digital, ou seja, um espaço gráfico, criado através da contribuição das ICTs, um espaço 3D onde pessoas e objetos

---

vida digital virtual mostra-se através da representação humana por meio de um "eu digital virtual" que se encontra em relação com outros "eles" digitais virtuais representados por corpos tecnológicos (Lévy, 1999) organizados em comunidades no cyberespaço, criando redes de sociedades digitais virtuais, formando e sendo formados por esta cultura.

50. Cf. Castells (1999).

51. Cf. Schlemmer et al. (2008 e 2009).

são caracterizados pela tridimensionalidade, o qual proporciona a sensação de "presença" mais do que em uma conversa ou num ambiente de *Web* 2.0. O espaço digital é povoado por objetos virtuais e usuários, e eles interagem uns com os outros, num ambiente entendido como um *espaço de relações*. Um ECODI não poderia existir sem as pessoas para preenchê-lo, ou seja, no caso dos MDV3D, os avatares, portadores de personalidade dos usuários que se expressam por meio deles: um ECODI vazio não existe, pois as relações que estão interligadas entre avatares são a base da própria existência do espaço digital. Um ECODI é uma "sala" para a convivência, o que significa que os avatares interagem uns com os outros no espaço digital criando o próprio espaço, que se caracteriza como a soma de todas as relações, tal como um espaço não privado, mas sim um espaço compartilhado, que pode ser um dos locais privilegiados para a criação e implementação das comunidades virtuais.

5. As comunidades de aprendizagem e as comunidades de prática: quais necessidades são satisfeitas pelo mundo virtual?

O fenômeno contemporâneo do desenvolvimento de cursos de formação no *Second Life* e o uso maciço de plataformas de *e-learning* para o treinamento corporativo têm que ser investigados quanto às reais possibilidades oferecidas pelos instrumentos virtuais, para o desenvolvimento da comunidade empresarial.

Para as comunidades de aprendizagem, a utilização das tecnologias mais recentes de comunicação e das plataformas virtuais tornou-se especificamente focalizada em dar aulas em sala de aula virtual no *Second Life*, e realizar cursos organizados inteiramente no metaverso. Esta disseminação generalizada do virtual como uma ferramenta para melhorar a aprendizagem é motivada por uma série de fatores. Em primeiro lugar, como já foi sublinhado, o elemento do jogo ajuda a tornar as salas de aula virtuais mais frequentadas por vontade pessoal, e com mais participação. Concorre, não é o único fator, pois, como já salientado, SL não é um jogo, nem pode ser usado como tal.

Os alunos que irão ao SL serão atraídos pela semelhança com o jogo, pela ideia de ser capazes de poder realizar qualquer coisa dentro do multiverso, de poder conhecer pessoas "diferentes". Se os alunos são preparados adequadamente para utilizar o instrumento que lhes é proposto (uso correto do *software*, habilidades de bom design etc.), a atratividade influencia a primeira entrada em SL, que não é percebido como uma ferramenta de trabalho "chato" e "hard" como todos os outros, mas sim como um local de relaxamento, um lugar para entreter relações, para desenvolver criatividade. O ponto de partida da aprendizagem no SL é, portanto, fortemente mediado pelo jogo e pelo uso da gráfica 3D, é também o momento em que mais se desenvolve o entusiasmo dos alunos.[52]

O segundo elemento a ser considerado é que o curso no SL é caracterizado principalmente por um elemento lúdico predominante para a formação. Os alunos não participam tanto da aula, mas observam o que outros avatares fazem à sua volta, os gestos, o intercâmbio entre eles, e utilizam os IM (*instant messages*) para conhecê-los ou obter informações. Um dos principais problemas relacionados com a formação no SL é o nível de atenção ser pouco controlável; em alguns casos, a solução foi desativar o *chat* privado na sala de aula, mas um efeito colateral desta ação foi a diminuição drástica das interações dos alunos nas aulas.

Como superar esse problema? Muitas salas de aula virtuais não funcionam, ou não funcionam quanto poderiam, porque não são capazes de resolver este segundo problema, que tem sido associado ao impasse criado pela prevalência do tempo de lazer. Mas essa situação está ligada muitas vezes ao fato de que ainda há uma tendência em dar aulas no SL simplesmente replicando as aulas tradicionais, ou seja, utilizando o SL como uma plataforma de *e-learning* melhor que as outras

---

52. Jogando com o tema da aprendizagem, nomeadamente nos MDV3D, cf. Oliver e Carr (2009).

a partir de um ponto de vista gráfico, mas sem reconhecer outras características que permitiriam ações de formação totalmente diferentes.

Esse erro pode ser superado usando o elemento lúdico como constitutivo das aulas. Os projetos de formação que mais funcionam *in world* não são aqueles em que os alunos se sentam e ouvem um professor repetindo suas noções com a ajuda de apresentações *PowerPoint*, mas aqueles nos quais os alunos fazem alguma coisa, por exemplo, atividades de autoformação quando participam da aula, a fim de que a criatividade seja desenvolvida na primeira abordagem ao "jogo". Os cursos são eficazes, por exemplo, quando se cria algo; Indire experimentou cursos de *Web design* no SL,[53] mostrando um elemento muito forte de agregação participativa, finalizadas a construção, pelos participantes do curso, nos prazos previstos, de objetos 3D, tais como casas, escadas, jardins. O elemento lúdico foi, neste caso, utilizado pelos próprios alunos (em vez de esperar para se transformar em um elemento perturbador). Os participantes do curso tiveram a tarefa de projetar uma casa composta de salão e jardim em determinados momentos, utilizando as técnicas aprendidas durante o curso e qualquer elemento criativo à disposição. Ocorreu, no presente caso, uma alta participação no curso durante as aulas dadas diariamente e um fator interessante: a participação absolutamente não prevista fora das aulas. Após o terceiro dia de aula, os estudantes se encontraram na ilha dedicada à construção após a hora programada das aulas e continuaram trabalhando na realização do ambiente do projeto, adicionando elementos móveis não fornecidos (mesas e cadeiras) e, em seguida, criando uma escada para começar a construção de um novo ambiente para cima.[54]

O que aconteceu? "Simplesmente", a proposta não foi recebida pelos alunos como "lição de casa" ou "tarefa a cumprir", mas sim como um compromisso para alcançar objetivos e criar eles mesmos algo de

---

53. Disponível em: <www.indire.it>.

54. O projeto foi descrito em detalhes durante a conferência "Cenários para uma realidade virtual de aprendizagem", Roma, 5 de dez. 2007, organizado por Didagroup em colaboração com Indire.

novo. Em uma palavra, o envolvimento dos alunos no processo de criação e construção influenciou e aumentou a participação deles. Não há dúvida de que o ambiente de jogo (a ilha no SL, onde se jogava o curso) e o tema do curso (que envolve muita criatividade por parte dos participantes) tornaram possíveis um grande envolvimento dos alunos e a utilização correta do SL; a interatividade, neste caso, foi o motor central para a obra ser concluída e tornou possível a implementação de uma comunidade de prática dos participantes, que espontaneamente estavam agregados para trocar saberes e práticas, que aproveitaram o tempo livre para construir, mesmo que isso não fosse solicitado. É claro que a área de *Web design* é mais adequada para outros projetos como este: construir juntos implica participar, ser criativo, mas, sobretudo, achar e desenvolver ativamente o seu papel dentro do projeto a ser implementado. A ideia da construção envolve a participação dos outros de forma mais imediata, mas o exemplo pode ser estendido a outros tipos de projetos e palestras *in world*.[55]

Exemplos de participação ativa podem ser diferentes. Fazer a lição em salas de aula, que repliquem as salas reais, no SL significa não fazer diferença com salas de aula reais, e, portanto, com o tipo de aulas proposto na vida real. Desenvolver aulas em ambientes alternativos, como nos veleiros,[56] os telhados dos arranha-céus, naves espaciais, significa dar um importante sinal de mudança de atitudes; é claro que o lugar em si não é suficiente para garantir a participação no curso proposto, pois pode tornar-se demasiado. É difícil, mas necessário, diferenciar-se pelos métodos tradicionais de aprendizagem. Se o espaço é o que per-

---

55. Indire desenvolveu no SL um curso interessante de aprendizagem de línguas estrangeiras (inglês, em particular), que teve o mesmo sucesso do curso de *design* do *site* graças à interatividade na qual foi baseado. A representação gráfica do ambiente era caraterizada por um espaço que reproduzia o globo terrestre, onde os participantes moviam-se, falando de cada país, e com cada habitante do país, cada vez que iam a ele. A "ilusão de viagens" ("Eu estou na África, você está no Canadá) tem contribuído para criar uma linguagem interativa de aprendizagem sem palestras ou cursos tradicionais, e para eliminar tanto quanto possível o embaraço dos participantes, mesmo daqueles menos linguisticamente experientes.

56. Este lugar "particular" tem sido utilizado por Didagroup. Disponível em: <www.didagroup.it>.

mite a interação,[57] dependendo do tipo de espaço utilizado, as interações que se desenvolvem serão diferentes: se, por isso, queremos desenvolver interações em diferentes cursos no SL mais do que nas escolas tradicionais, os espaços não podem ser idênticos. Não é suficiente voar no espaço, mas pode ser útil a construção (por exemplo) de um local de encontro suspenso nas nuvens,[58] que poderia aproximar os participantes com a ideia de encontro, conversa e debate tão livre quanto possível.

Depois de encontrar um lugar "alternativo", o segundo fator a se desenvolver na aula é uma palestra virtual que não tem que ser cópia das tradicionais palestras reais. Uma lição pode ser desenvolvida de forma diferente, no entanto, tendo os alunos como exemplos, deve-se colocá-los na aula como sujeitos e não como objetos passivos, fazendo-os realizar simulações, interagindo com eles em todos os níveis da lição. Um exemplo pode ser representado pela Ilha Ricesu (Rede Brasileira de Universidades Católicas), reunião das diversas instituições, em que cada uma delas possui um espaço para construir objetos, criar as próprias estruturas e sua pesquisa e fornecer material didático. Neste espaço, os alunos de várias universidades continuamente constroem novos objetos e simulações complexas. O elemento de diversão como instrumento de aplicação efetiva do curso, finalmente, permite evitar que, no final da experiência de formação, o percurso seja lembrado só como "um jogo muito divertido", um "momento de fuga", diferente, mas não parte de um programa de formação que finaliza a aprendizagem colaborativa global e a participação individual. Os alunos que concluíram os projetos na Ricesu consideram os produtos digitais como o resultado de um processo pessoal e coletivo de aprendizagem, bem como os recursos disponíveis para os futuros usuários,[59] e não simplesmente como um divertido efeito visual criado pelo jogo.

---

57. A diferença entre espaço, lugar e meio ambiente refere-se ao material produzido pelo Grupo de Pesquisa em Educação Digital (GPe-dU, Unisinos), a maioria coletada em <moodle.unisinos.br>.

58. A área de convivência digital virtual do GPe-dU é construída desta forma na Ilha Unisinos.

59. Conversas com os autores destes projetos foram realizadas durante o 7º Senaed, Conferência Internacional sobre Educação a Distância, que aconteceu inteiramente no SL e, em particular,

6. E depois?

O que acontece com os participantes de um curso de formação ou atividade/trabalho no SL após o término do curso?

Um dos principais problemas relacionados com a implementação de comunidades virtuais de prática e aprendizagem parece estar ligado ao "regresso" no final do curso ou projeto feito no SL; o que "resta" para os participantes?

O problema não é de menor importância; medir os efeitos, entender "ao que realmente serviu" a intervenção não é um elemento fácil a identificar no caso de trabalhos realizados inteiramente através do uso de MDV3D.

Se a avaliação de treinamento é normalmente realizada considerando quatro tipos de fenômenos, ou seja,

> la *reazione dei partecipanti*, ovvero l'insieme dei vissuti, delle percezioni e dei giudizi suscitati negli individui dall'esperienza formativa; *l'apprendimento*, in termini di *miglioramento delle conoscenze* e delle capacità possedute dai partecipanti; il *comportamento*, ossia i cambiamenti registrati nelle performance organizzative dei partecipanti, *il cambiamento dell'organizzazione*, l'impatto che a livello generale e attraverso i singoli individui l'intervento formativo ha prodotto sulla realtà organizzativa, sopratutto per quanto riguarda gli aspetti del *clima* e della *cultura*.[60]*

---

na Ilha Unisinos para mostrar a todos os participantes os resultados do trabalho conjunto. Estudantes de diversas universidades na Ilha Ricesu (geograficamente muito perto da Unisinos e parte do próprio projeto) mostrarem aos outros participantes os projetos realizados nas áreas da universidade de pertença; a experiência mostra uma igualdade substancial entre todos os presentes e uma compreensão do trabalho como "trabalho educativo" de ensino.

60. Galliani, Elisa Maria; Lanzoni, Paolo. I percorsi della formazione. In: De Carlo (2002, p. 116; grifo nosso).

* A reação dos participantes, isto é, o conjunto das percepções, experiências, juízes suscitados nos indivíduos pela experiência formativa; a aprendizagem, em termos de melhoramento dos conhecimentos e das capacidades possuídas pelos participantes; o comportamento, ou seja, as mudanças evidenciados nas *performances* organizacionais dos participantes, a mudança, a organização, o impacto que a intervenção formativa tem na realidade organizacional, ao nível geral e através dos indivíduos, sobretudo quanto aos aspectos de clima e da cultura.

Como podemos avaliar esses fenômenos com base em uma experiência virtual?

Um primeiro problema ligado aos processos da educação no SL é a possibilidade de mensuração das intervenções, enquanto o segundo problema está relacionado com a aquisição de competências que possam ser utilizadas no mundo real. Os participantes aprendem no SL, mas o que acontece realmente? Como usar o que aprendeu no mundo real?

O primeiro problema pode encontrar algumas soluções, nenhuma das quais é fácil de conseguir. Um primeiro indicador para medir os efeitos da aprendizagem pode ser representado pelos retornos no SL depois e para além dos cursos. Mas este indicador verifica apenas o agradamento da ferramenta, e não é específico para a avaliação real do curso (e não é util para verificar as competências adquiridas ou desenvolvidas no SL). Um segundo indicador pode ser a busca, depois das aulas em SL, dos colegas, a fim de evocar uma experiência coletiva, compartilhá-la e transformá-la em aplicações reais. Isto pressupõe que os participantes não se conheçam antes do curso, ou que não revelem a sua verdadeira identidade, até ficar *in world*. Isso só é possível até certo ponto, principalmente no caso das comunidades internacionais que desenvolvem cursos de SL para reunir pessoas de diferentes cantos do globo; neste caso, se a comunidade foi criada durante o curso e os participantes foram equipados com *e-mails* e contatos de *chat*, a relação pode ser estendida virtualmente, mas com ferramentas tradicionais, bem como as já citadas *e-mail* e *chat*. Verificar-se-ia, no presente caso, uma transição gradual do conhecimento virtual para o real, que passaria por diferentes ferramentas tecnológicas concebidas para trazer gradualmente os participantes. No caso de organizações mais localizadas, este método não funciona muito bem. Membros pertencentes à mesma organização reúnem-se todos os dias, e é razoável que eles compartilhem ideias e opiniões sobre as atividades que estão fazendo, incluindo cursos no SL. Neste caso, o que ocorre é uma sobreposição do plano virtual com o real, uma interação contínua que pode contribuir para tornar o *Second Life* um lugar de encontro diário (ou, em uma base regular por um período determinado), um lugar onde as pessoas que já se conhecem na vida real se reúnem para experimentar diferentes formas de aprendizagem. Neste caso, ao fim do percurso formativo, podem-se usar os mesmos indicadores válidos para os cursos tradicionais, porque os participantes que já estão em contato uns com os outros na vida real não terão dificuldade em relatar o conteúdo do trabalho do curso na realidade virtual e na vida cotidiana. Conforme revelado pelas observações feitas sobre o caso de sucesso da Ilha Ricesu, Unisinos, Indire e Didagroup, o problema da "volta para a vida real", em minha opinião, torna-se um falso problema. As comunidades virtuais formadas no SL (as comunidades de prática que se formam no SL e trabalham em conjunto), que têm um bom conhecimento e compreensão do instrumento utilizado, não consideram a própria organização "virtual" como algo completamente separado do real. Nas palavras dos membros do Grupo de Pesquisa em Educação Digital, tem sido identificado um conceito de SL como algo intimamente ligado à vida e ao trabalho real. É importante notar que, para uma das últimas perguntas da entrevista focada no retorno "para RL a vida real" depois de "trabalho no SL", a maioria dos inquiridos não respondeu, porque não entendeu a pergunta. O coordenador da equipe de investigação, ao contrário, deu uma resposta que explica claramente como, para os membros do grupo, a pergunta não estava clara porque não era concebível. Para os membros da GPe-dU, que trabalham juntos todos os dias, tanto no SL quanto em RL, uma divisão entre o trabalho "real" e o virtual não existe: a realidade virtual penetra o real no sentido de que ela não substitui, mas sim representa uma extensão dele, mantendo sempre uma ligação estreita. O que é experiência virtual, para os membros do grupo, é também experiência real, e vice-versa. O que é aprendido no SL se reporta diretamente em RL, sem fazer "conversões" ou tradução do real para o virtual, ou vice-versa. Obviamente, os membros do grupo pretendem usar SL como uma ferramenta para fins específicos, neste caso, a aprendizagem dos alunos e formação dos pesquisadores.[61] Onde o processo de aprendizagem está entendido como um processo contínuo, nenhuma das

---

61. Em particular, o projeto ECODI Stricto.

experiências que o compõem é separável das outras, sejam reais ou virtuais. Esta linha de pensamento pode ser útil para expor o que chamamos de "falso problema do retorno" e ajuda a explicar como não há necessidade de colocar o problema, se a mentalidade desenvolvida é sistêmica, não exclusiva, e se tecnologias são consideradas ferramentas úteis para o desenvolvimento global da pessoa, não simplesmente como ferramentas em si mesmas.

4
Metodologias, práticas e mediação pedagógica em metaverso

Luciana Backes

> [...] o verdadeiro diálogo não pode existir se os que dialogam não se comprometem com o pensamento crítico; pensamento que, não aceitando a dicotomia mundo-homens, reconhece entre eles uma inquebrável solidariedade; pensamento que percebe a realidade como um processo de evolução, de transformação, e não uma entidade estática; pensamento que não se separa da ação, mas que se submerge, sem cessar, na temporalidade, sem medo dos riscos.
>
> Paulo Freire (2001, p. 98)

1. A proposição da formação na contemporaneidade

Ao pensarmos em metodologias, práticas e mediação, nós costumamos relacionar esses aspectos ao contexto da formação humana, porém vale salientar que essa formação não ocorre somente em espaços formais como escolas, universidades, cursos, congressos... A formação consiste no processo de fomentar e possibilitar o desenvolvimento de seres humanos responsáveis, social e ecologicamente conscientes, que respeitam a si mesmos e aos outros, na busca constante pela superação. A configuração desses espaços de relação e interação para o desenvolvimento dos seres humanos, o que está além dos processos de ensino e de aprendizagem, evidenciamos também em contextos familiares, sociais, profissionais.

> La educación cognitiva tiene una visión de que los humanos están cultural y genéticamente dotados e inclinados a ser aprendedores, así como transformadores y generadores de información, teniendo por lo tanto, el potencial para ser participantes activos en y beneficiarios de la edad de la información (Maturana, 1999, p. 41).*

Os contextos de formação, em espaços formais e não formais, constituem-se em diferentes dimensões, físicas e digitais virtuais, que coexistem de maneira dialética. Ou seja, o viver e conviver de seres humanos, configurado nas diferentes dimensões, está relacionado de maneira complementar e cumulativa, como uma rede. Para Backes (2007, p. 21):

> [...] a rede se constitui na comunicação entre seres vivos, que se agrupam e reagrupam conforme a necessidade para atender à perturbação instaurada, assim, as conexões formam diferentes desenhos na rede. Lembrando que as relações não são unidirecionais e tão pouco somatórias. As relações na rede são multidirecionais e recursivas.

Assim, a convivência configurada entre os seres humanos nas relações profissionais (espaços não formais) pode contribuir para o desenvolvimento de cada um, de maneira própria e particular, que será percebido na convivência configurada com outros seres humanos

---

* A Educação cognitiva tem a visão de que os seres humanos são culturalmente e geneticamente dotados e inclinados a serem aprendentes, tendo assim, o potencial para serem participantes ativos e beneficiários da era da informação [tradução livre].

nas relações acadêmicas (espaços formais), contribuindo novamente para o desenvolvimento, porém de maneira diferente da convivência profissional.

Os espaços para as relações entre seres humanos, atualmente, também podem ser digitais virtuais. Portanto, o percurso descrito anteriormente ocorre em outras dimensões, configurando diferentes convivências. Assim, no contexto acadêmico, ao configurar uma convivência num metaverso (MDV3D), possibilitamos um desenvolvimento diferente, aos participantes, daquele promovido num espaço de sala de aula, mas esses dois contextos são complementares e cumulativos, porque estabelecemos relações sociais. "Los seres humanos somos seres sociales: vivimos nuestro ser cotidiano en contínua imbricación con el ser de otros" (Maturana, 1999, p. 21).*

Para ilustrar esta compreensão, visualizamos o esquema que segue:

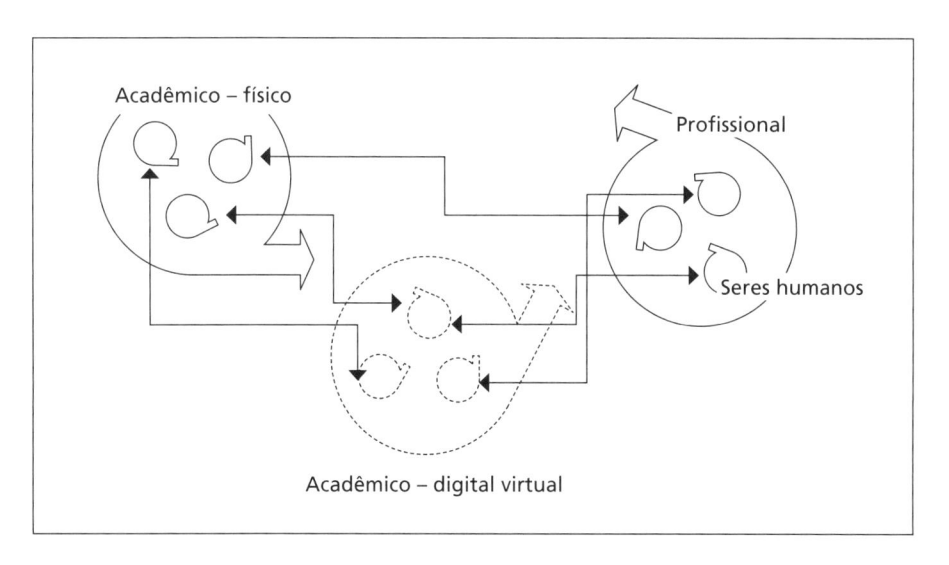

Figura 1 Representação da configuração da convivência.

---

* Os seres humanos somos seres sociais: vivemos nosso ser cotidiano em contínua imbricação com o ser de outros.

A interação e a relação entre seres humanos que configuram espaços de convivência, tanto na dimensão física quanto digital virtual, resultam em acoplamentos estruturais entre os seres humanos em congruência com o espaço, por meio da autopoiese.[1] Assim, no âmbito individual compreendemos que os "[...] seres humanos somos individuos: vivimos nuestro ser cotidiano como un contínuo devenir de experiências individuales intransferibles. Esto o lo admitimos como algo ineludible" (Maturana, 1999, p. 21).

Os seres humanos "autoproduzem-se" nas relações sociais, em que o outro e o espaço são elementos de perturbação conforme a estrutura de cada um. Dessa maneira, compreendemos que os seres humanos se autoproduzem de maneira própria e distinta. Assim,

> La diversidad etnológica de la humanidad nos muestra muchas instancias en las que hay, o se han dado, sistemas sociales cuyos miembros viven la armonía de los intereses aparentemente contradictorios de la sociedad y los individuos que la componen (Maturana, 1999, p. 21).*

O sistema social existe por meio da conservação da vida dos seres humanos que se autoproduzem e geram o próprio sistema. Ao se auto-

---

1. "La palabra autopoiesis viene de los vocablos griegos autos, que quiere decir sí mismo, y poiesis, que quiere decir producir. Al caracterizar a los seres vivos como sistemas autopoiéticos estamos diciendo que los seres son sistemas que se caracterizan como sistemas que se producen a sí mismos continuamente. En otras palabras, lo que decimos que la palabra autopoiesis es que los seres vivos son redes de producciones moleculares en las que las moléculas producidas generan con sus interacciones la misma red que las produce" (Maturana, 1999, p. 93).

[A palavra autopoiese vem dos vocábulos gregos *autos*, que significa a si mesmo, e *poiesis*, que significa produção. Ao caracterizar os seres vivos como sistemas autopoiéticos, queremos dizer que os seres são sistemas que se caracterizam como sistemas que produzem continuamente a si mesmos. Em outras palavras, a palavra autopoiese quer dizer que os seres vivos são redes de produções moleculares em que as moléculas produzidas através de suas interações geram a mesma rede que os produz [tradução livre].

* A diversidade Etnológico da humanidade mostra-nos as muitas instâncias em que existem, ou existiram, nos sistemas sociais, cujos membros vivem a harmonia de interesses aparentemente conflitantes da sociedade e dos indivíduos que a compõem [tradução livre].

produzirem, os seres humanos configuram o sistema social de maneira dinâmica.

Nos espaços digitais virtuais, entre eles os metaversos, podemos configurar um espaço de convivência e constituir, assim, um sistema social que se autoproduz por meio da autopoiese dos seres humanos que o *e*-habitam. O metaverso, enquanto espaço de convivência, determina e é determinado pela autopoiese de seus *e*-cidadãos.

As perturbações causadas por um espaço digital virtual são diferentes daquelas causadas por um espaço físico, resultando em outra forma de viver e conviver. Neste sentido, na medida em que utilizamos os metaversos, enquanto espaços, podemos configurar uma convivência digital virtual, com características próprias da congruência com o espaço de fluxos[2] marcando o tempo intemporal[3] de uma geração — Geração "Homo zappiens"[4] (Veen e Vrakking, 2009).

A utilização das tecnologias digitais virtuais, em especial, os metaversos, está possibilitando a relação e interação de duas gerações que apresentam formas diferentes de pensar, aprender, ensinar e representar o conhecimento. A primeira geração, constituída pelo grupo de pessoas que vivenciaram uma história analógica, considera que as informações são acessadas em livros e o conhecimento construído é representado oral ou textualmente, tem sua existência marcada pelas verdades da

---

2. "O espaço de fluxos é a organização material das práticas sociais de tempo compartilhado que funcionam por meio de fluxos. Por fluxos, entendo as sequências internacionais, repetitivas e programáveis de intercâmbio e interação entre posições fisicamente desarticuladas, mantidas por atores sociais nas estruturas econômica, política e simbólica da sociedade" (Castells, 2003, p. 501).

3. "Proponho a ideia de que o tempo intemporal, como chamo a temporalidade dominante de nossa sociedade, ocorre quando as características de um dado contexto, ou seja, o paradigma informacional e a sociedade em rede, causam confusão sistêmica na ordem sequencial dos fenômenos sucedidos naquele contexto" (Castells, 2003, p. 556).

4. "Homo zappiens é a nova geração que aprendeu a lidar com novas tecnologias, que cresceu usando múltiplos recursos tecnológicos desde a infância. Esses recursos permitiram ter controle sobre o fluxo de informações, mesclar comunidades virtuais e reais, comunicar-se e colaborar em rede, de acordo com suas necessidades. O Homo zappiens é um processador ativo de informação, resolve problemas de maneira muito hábil, usando estratégia de jogo, e sabe se comunicar muito bem" (Veen e Vrakking, 2009, p. 12).

ciência; para esse grupo de pessoas, a tecnologia é algo que exige cuidados. A segunda geração, formada por pessoas que vivenciaram uma história digital, representa um grupo de pessoas para o qual as informações são acessadas por meio das tecnologias digitais virtuais e o conhecimento construído pode ser representado oral, textual ou graficamente; a existência, para essa geração, é marcada pela ação na representação do pensamento e a tecnologia faz parte do seu viver e conviver.

O encontro entre essas duas gerações pode ser compreendido sob dois aspectos: primeiro, como um problema de compreensão sobre as diferentes formas de estruturar o pensamento, por meio de ações, metodologias e práticas pedagógicas que não contemplam as estruturas atuais de cada geração — a subutilização das Tecnologias Digitais Vistuais (TDV) no conviver pela geração analógica e a dificuldade de aprofundar os conhecimentos pela rapidez do pensamento da geração digital virtual —, segundo, pelo fértil momento de perturbação, causado pelas diferenças entre as duas gerações, e a compensação construída na convivência dessas duas gerações pela superação ao sintetizar o que há de melhor em cada uma.

Para o desenvolvimento humano, isso representa a (re)significação da compreensão de formação e capacitação, bem como uma transformação nas metodologias e práticas pedagógicas.

Segundo Maturana e Rezepka (2008), a formação humana está relacionada com o desenvolvimento dos seres humanos enquanto seres criadores com outros, ou seja, cocriadores de um espaço de convivência social desejável. Então, a formação consiste na criação de condições em que os seres humanos respeitem a si e aos outros, compreendendo, inclusive, as diferenças de cada geração. Já a capacitação está relacionada com a aquisição de habilidades e capacidades de ação no mundo no qual vivemos, como com os recursos operacionais para realizar o que quisermos viver, por meio de um fazer na reflexão, ou seja, efetivamente buscar a superação.

> Crianças [estudantes] e professores [formadores] são igualmente inteligentes e igualmente capacitados em seu emocionar, embora distintos em

suas preferências e na direção de suas curiosidades, bem como em seus hábitos e no fazer e no pensar, porque tiveram histórias de vida diferentes (Idem, 2008, p. 16).

Nessa visão, a formação humana é o fundamento de qualquer processo educativo na busca de um viver socialmente desejável e a capacitação é um meio e um caminho para realização dessa tarefa educacional.

Essa nova realidade nos remete à reflexão sobre como articular os processos de formação e de capacitação no contexto do encontro dessas duas gerações. A formação consiste num espaço de convivência, que possibilita aos seres humanos ampliarem a autonomia individual,[5] a autonomia social[6] e a sua autoria transformadora[7] e criadora,[8] em relações de diálogo, de cooperação e de respeito a si mesmo e ao outro, numa constante reflexão sobre o fazer (viver). Nesse espaço, o outro é reconhecido como legítimo na interação e, portanto, alguém com quem é possível aprender em diferentes momentos. Formadores e aprendizes podem ser coensinantes e coaprendentes, por meio de metodologias e práticas pedagógicas que possibilitem a mediação pedagógica no conversar.

---

5. "A autonomia individual é compreendida na ação e produção da ação do ser vivo no seu meio. Assim identifica o que lhe é significativo e consegue estipular regras para suas ações, a fim de que todo o seu viver seja também um conhecer" (Backes, 2007, p. 119).

6. A autonomia, além de ser própria de cada ser vivo, também é caracterizada como um processo que se constrói e se desconstrói, ao longo do viver do ser vivo em interação com os outros, nas evidências das diferenças, conflitos e perturbações. Então, o ser vivo, para compensar as perturbações em relação a outros seres vivos, transforma a ação que dará novos contornos à dinâmica da rede. Assim, percebemos numa autopoiese de terceira ordem, na resolução do problema, a ação do ser vivo transforma o conviver no grupo. Então vivenciamos uma autonomia social. Ou seja, o sistema social se modifica por meio da autopoiese de seus componentes (Backes 2007, p. 121).

7. Para Backes (2007), a autoria transformadora consiste quando o ser humano posiciona-se criticamente diante de uma situação, estabelecendo relações entre o conhecimento construído e os novos elementos do seu viver, a fim de transformar uma ação já legitimada.

8. Autoria criadora se manifesta na produção da diferença, no deslocamento, na inversão, na modificação capaz de criar a novidade nos espaços digitais virtuais (Backes, 2007, p. 163).

2. Metodologia na formação em metaversos

Ao considerar a congruência com o meio e as diferentes possibilidades que as dimensões digitais virtuais proporcionam na autopoiese dos seres humanos, como pensar a formação humana no contexto dos metaversos (MDV3D)?

Os metaversos são ambientes que possibilitam a criação e a construção de Mundos Digitais Virtuais em 3D (MDV3D), onde os seres humanos têm a sua imersão representada por avatares. A percepção dos *e*-cidadãos, seres humanos que vivem e convivem nos MDV3D, pode ser representada de maneira gráfica, textual, oral e gestual. Os MDV3D são atualizados *on-line*, a cada ação realizada pelos *e*-cidadãos. Na imagem que segue, podemos ver a interface do metaverso Eduverse,[9] um dos muitos MDV3D existentes na atualidade. Nessa imagem, também podemos visualizar o avatar em interação com outros avatares — sendo que, no caso do Eduverse, a aparência do avatar não é possível de ser personalizada — e a representação metafórica gráfica em 3D das concepções epistemológicas e o texto escrito por *chat* no conversar.[10]

Para Maturana (1999), a convivência ocorre nas interações recorrentes entre os seres humanos, ou seja, a cada interação o ser humano modifica-se para a próxima interação. Assim, constrói uma história de conservação da sua organização e adaptação da sua estrutura em reciprocidade com o outro. A história de cada ser humano, ontogenia, é

---

9. Versão educacional do MDV3D Active Worlds. Disponível em: <http://edu.activeworlds.com/>. Acesso em: 28 maio 2004.

10. "[...] las conversaciones se producen en el fluir de nuestras interacciones, todo lo que hacemos en conversaciones modula el flujo de cambios estructurales y llegamos a ser en nuestro flujo estructural según sean las conversaciones en las cuales participamos. En el fluir de nuestra vida no hay conversaciones triviales" (Maturana, 1999, p. 47).

("[...] a comunicação se origina no fluxo de nossas interações, tudo o que fazemos em matéria de conversa modula o fluxo das mudanças estruturais e nos tornamos em nosso fluxo estrutural de acordo de como sejam as conversas as quais participamos. No fluxo de nossa vida não existe conversas triviais.")

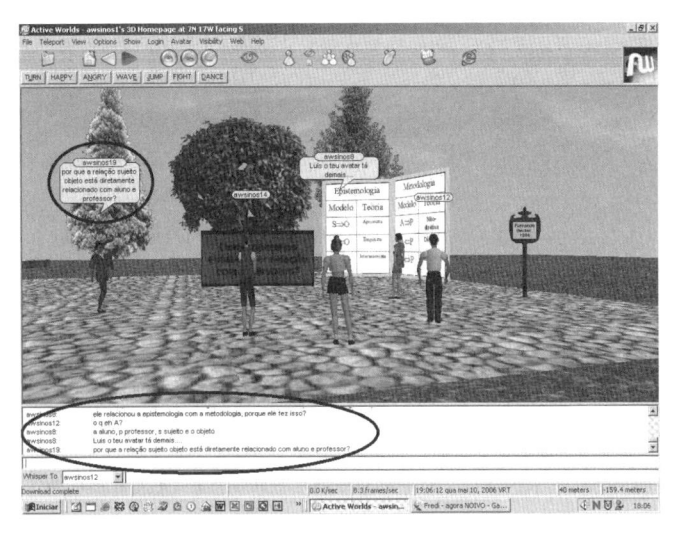

Figura 2. Interface do MDV3D *Eduverse*.

sempre uma co-ontogenia e o desenvolvimento é um codesenvolvimento num contínuo devir.

A configuração do espaço de convivência em um MDV3D torna todo esse processo mais complexo e dinâmico devido a sua possibilidade de combinações de diferentes linguagens para representação da percepção, a interação com *e*-cidadãos que não estão no mesmo espaço físico ou que se teletransportam entre os diferentes MDV3D e a interação com *e*-cidadãos que deixam suas representações metafóricas gráficas nos MDV3D em outros tempos. Além de tudo, os *e*-cidadãos também podem encontrar os *e*-turistas, que são os seres humanos representados por avatares que interagem de maneira textual ou oral nos MDV3D, mas não constroem as representações metafóricas gráficas. Assim, ampliam-se significativamente as possibilidades de relações entre os diferentes seres humanos.

Os MDV3D potencializam, por meio de suas particularidades, os processos de ensinar e de aprender, envolvendo o contexto formativo em situações não habituais. Os estudantes podem representar o conhecimento estudado utilizando-se de metáforas gráficas em 3D e ser interpretados por seus colegas e formadores, que, por sua vez, podem propiciar perturbações nesse observar e instigar nos estudantes a necessidade de compensação. Ou ainda, teletransportarem-se em diferentes MDV3D, conhecer outras dimensões, realidades e conversar com estudantes de outros espaços, textual ou oralmente. Assim, os estudantes e formadores podem constituir redes de relações e interações configurando diferentes dinâmicas entre os seres humanos que se autoproduzem na rede e pela rede.

Na Figura 3, podemos visualizar uma interação entre diferentes avatares — que no caso do Second Life[11] tem sua aparência totalmente personalizada por cada *e*-cidadão — por meios textual e oral (representação de que o avatar está falando), conforme assinalado com círculos.

Figura 3. Interface do MDV3D Second Life.

Por meio das características mencionadas dos MDV3D, consideramos que a metodologia para os processos de ensinar e de aprender

---

11. Metaverso para construção de MDV3D. Disponível em: <http://secondlife.com/?v=1.1>.

precisam ser diferenciadas, para utilizarmos esta tecnologia na sua potencialidade, bem como configurá-la num espaço de convivência entre os seres humanos. No entanto, para além da compreensão de que a tecnologia é apenas uma ferramenta, a metodologia para a formação precisa contemplar a congruência necessária entre seres humanos e o meio (digital virtual). "Cualquiera que sea la tecnología, cualquiera que sea en ámbito que creemos, todo pasa por un cuello de embudo que es el ser humano y ese ser humano tiene ciertas características biológicas" (Maturana, 1999, p. 107).* Portanto, ao pensarmos a formação humana, precisamos considerar o formador como um educador, sendo que:

> Educar es conviver: el educando se transforma en la convivência con el educador. El educador o la educadora es aquel o aquella que adopta la tarea de configurar un espacio de convivencia donde otros se transforman com él o ella (Maturana, 1999, p. 151).**

O formador, muito mais do que ser aquele que tem o poder do conhecimento, é aquele que promove a construção do conhecimento na interação. Essa compreensão contribui para as relações entre as diferentes gerações que trocam de papéis nas relações hierárquicas, principalmente no contexto profissional, pelo conhecimento tecnológico que as gerações mais jovens adquirem com facilidade. Encontramos jovens assumindo posições de gerências e antigos colaboradores desenvolvendo as atividades que normalmente eram ocupadas pelos recém-contratados. Nesse sentido, todos podem aprender e os diferentes conhecimentos são validados no conviver por meio do respeito mútuo. A ação do estudante consiste em:

> Estudiar es convivir: el estudiante se transforma en la convivencia con el profesor o profesora.

---

* Seja qual for a tecnologia, em qualquer campo, acreditamos que tudo passa por um funil que é o ser humano e que o ser humano tem certas características biológicas. [tradução livre]

** Educar é conviver: o aluno se transforma na convivência com o educador. O educador ou a educadora é aquele ou aquela que toma a tarefa de configurar um espaço de convivência onde os outros se transformam com ele ou ela. [tradução livre]

El o la estudiante es aquel o aquella que acepta la invitación de outro a convivir transitoriamente con él o ella en un cierto espacio de existencia en el que esta persona tiene más habilidad de acción y reflexión (Maturana, 1999, p. 152).*

Ao pensarmos as relações entre homens e mulheres, colaboradores e gerências, educadores e estudantes, ou ainda, formadores e formandos, o que desejamos é a participação ativa de cada um no processo de construção do conhecimento. Para tanto, cada ser humano precisa marcar sua presencialidade na convivência.

A presencialidade é marcada pelas ações, reações e reflexões que são representadas na convivência com o outro. O sentimento de pertencimento em determinado grupo instiga a participação e a responsabilidade do ser humano no viver e conviver em comunhão. Por isso, quanto mais nos responsabilizamos por um grupo, mais significativas serão nossas ações e o sentimento de pertencimento fará parte desta relação.

Nos espaços físicos, a presencialidade consiste na participação ativa, nas relações de diálogo e de cooperação, ou seja, o ser humano em interação com os demais. Muitas vezes, a presencialidade é confundida com a presença do corpo físico. Estar presente numa reunião não significa participar de uma reunião. Nos espaços digitais virtuais, como os MDV3D, a presencialidade pode ser intensificada pela imersão, telepresença ou pela presença digital virtual do avatar no ambiente em 3D, mas precisa, necessariamente, estar em ação e interação com os demais avatares.

A presença do avatar no espaço digital virtual torna-se muito mais significativa, interessante, envolvente no processo de interação, principalmente porque o sentimento de pertencimento se intensifica. Este

---

* Estudar é conviver: o aluno se transforma na convivência com o professor ou professora.

O ou a estudante é aquele ou aquela que aceita o convite do outro para conviver transitoriamente com ele ou ela em um certo espaço de existência em que esta pessoa tem mais habilidade de ação e reflexão. [tradução livre]

aspecto é fundamental ao pensarmos no contexto da formação a distância, que muitas vezes está relacionado aos altos índices de evasão.

Normalmente a Educação a Distância é configurada em Ambientes Virtuais de Aprendizagem (AVA), que são representados em 2D, contêm uma interface textual, possibilitam algumas situações de interação (síncrona e assíncrona) e apresentam uma estrutura de *hiperlinks*. Nesse caso, a presencialidade é marcada somente pelos registros textuais, o que dificulta a sensação de pertencimento ao lugar.

Os espaços digitais virtuais representam uma ampliação e complementam os espaços de relação já existentes, na perspectiva da coexistência. A utilização das TDV como: AVA, a TMSF — Tecnologia Móvel sem Fio, tecnologias da *Web* 2.0 e *Web* 3D, não significa, necessariamente, uma inovação no contexto da formação. As TDV representam uma possibilidade de (re)significação dos conceitos de tempo, espaço, presença, distância, interação, informação, construção do conhecimento, provocando perturbações no viver e conviver entre homens e mulheres que buscam a superação no bem comum.

Para Maturana (2002), o "eu" não está no corpo, mas nas operações que este corpo realiza nas interações com os seres humanos. A humanidade de um ser humano se realiza à medida que ele estabelece interações, por meio da linguagem, no seu viver e conviver. No entanto, esse viver e conviver provoca mudanças estruturais na corporalidade, que possui um envolvimento dinâmico.

Assim, o "eu" surge para além do corpo, na medida em que tenho autoconsciência das ações, interações e transformações em relação ao outro, em congruência com o meio e no linguajar. Desta forma, é possível entender que um MDV3D consiste num espaço de convivência mais familiar ao ser humano e potencializa os processos de formação.

Os MDV3 apresentam características, que, em congruência com os seres humanos que *e*-habitam, podem provocar inovação no contexto da formação, como:

- a representação da imersão no espaço de relação por meio de um avatar;

- o sentimento de presença e proximidade, que podem instigar a presencialidade e consequentemente a responsabilidade;
- as diferentes possibilidades de representação (gráfica, oral, textual e gestual) da percepção no processo de interação;
- as diversas formas de conversar e estabelecer diálogos;
- a oportunidade de exercer a autonomia (ação do avatar é que determina a presencialidade e a construção do mundo) e desenvolver a autoria (na medida em que é um espaço que permite diferentes formas de representar o conhecimento).

As dinâmicas relacionais estabelecidas entre os seres humanos no seu viver e o conviver, na construção da sua autoconsciência, num MDV3D, possibilitam a compreensão da tecnologia na sua potencialidade e a utilização no contexto da formação, para que resultem em inovação no âmbito das metodologias, das práticas e dos processos de mediação pedagógica.

3. Práticas na formação humana

O fato de entender que todo o viver é um conhecer e que todo o conhecer é um viver implica considerar que a prática pedagógica se constitui por meio da concepção epistemológica que o formador (educador) construiu na sua trajetória, relacionada à concepção epistemológica do aprendente (estudante), sendo esta também uma construção ontogênica. Nesse contexto, a prática pedagógica consiste em todo o fazer que tem por objetivo o desenvolvimento de processos de aprender e de ensinar, tanto em espaços formais como informais para a construção do conhecimento.

Assim, a concepção que o formador tem de como ocorre a aprendizagem é que possibilitará a construção de uma prática pedagógica, que terá significado na medida em que o estudante a utilizará para as suas aprendizagens. É importante ressaltar, como vimos anteriormente, todo formador é um aprendente e todo aprendente é um ensinante, então somos coensinantes e coaprendentes.

Ao estabelecer a relação entre teoria (da aprendizagem) e prática (pedagógica no contexto formal), Becker (1994) estruturou a seguinte esquematização:

Quadro 1. Comparação dos modelos pedagógico e epistemológico

Epistemologia		Pedagogia	
Teoria	Modelo	Modelo	Teoria
Empirista	S⇐O	A⇐P	Diretivismo
Apriorista	S⇒O	A⇒P	Não diretivismo
Interacionista	S⇔O	A⇔P	Ped. relacional

No Quadro 1, observamos uma relação das concepções epistemológicas com os modelos pedagógicos presentes no contexto educacional, mas que pode ser evidenciada em qualquer contexto formativo — formal ou informal. Na pedagogia diretiva, o P (professor) age sobre o A (aluno) caracterizado por ações como: "O professor dita e o aluno copia. O professor decide o que fazer e o aluno executa. O professor ensina e o aluno aprende" (Becker, 1994, p. 89). Essa prática pedagógica é estruturada assim porque o S (sujeito) é entendido como uma *tabula rasa* que deverá conhecer o O (objeto) para aprender. O conhecimento está no objeto. Assim, o processo de aprendizagem consiste no estímulo de respostas corretas que podem ser estabelecidas pelo professor ou máquinas. Quanto às respostas erradas, elas devem ser punidas para não serem repetidas.

Muitas práticas pedagógicas se apoiam nesse modelo, principalmente quando envolvem a utilização de alguns *softwares* educacionais preparados para a Educação Básica e os cursos oferecidos na modalidade de Educação a Distância para o ensino formal e profissionalizante.

Na pedagogia não diretiva, o A (aluno) é o detentor do conhecimento, e ao P (professor) cabe auxiliar, facilitar a aprendizagem. A prática pedagógica centra-se no *laissez-faire*, ou seja, "o aluno já traz um saber que ele precisa, apenas, trazer à consciência, organizar, ou, ainda, rechear de conteúdos. O professor deve interferir o mínimo possível" (op. cit., p. 90). O apriorismo modificou os paradigmas das teorias de aprendizagem consolidados até o momento pelo empirismo. O registro das respostas corretas poderia ser realizado sem haver punição por produzir respostas erradas ou eliminá-las.

Essa prática pedagógica manifesta-se sutilmente nas posturas dos formadores que desconsideram os aprendentes que apresentam dificuldade de aprendizagem. Na concepção do formador, esse aprendente não tem o conhecimento ou, ainda, em formadores que não se responsabilizam com o processo de aprendizagem dos aprendentes.

Na pedagogia relacional, a construção do conhecimento ocorre na interação entre A (aluno) e P (professor).

> O professor e o aluno entram na sala de aula. O professor traz algum material? Algo que, presume, tem significado para os alunos. Propõe que ele explore este material? Cuja natureza depende do destinatário: crianças de pré-escola, de primeiro grau, de segundo grau, universitários etc. Esgotada a exploração do material, o professor dirige um determinado número de perguntas, explorando, sistematicamente, diferentes aspectos problemáticos a que o material dá lugar. Pode solicitar, em seguida, que os alunos representem? Desenhando, pintando, escrevendo. Fazendo cartunismo, teatralizando etc.? O que elaboram. A partir daí, discute-se a direção, a problemática, o material da(s) próxima(s) aula(s) (Becker, 1994, p. 92).

Essa prática pedagógica fundamenta-se nos pressupostos da epistemologia genética de Jean Piaget, a qual compreende a construção do conhecimento nos processos de assimilação — que consiste na incorporação do meio pelo sujeito — e de acomodação — transforma os aspectos do meio em algo significativo, necessário a este sujeito. Estas ações, assimilação e acomodação, ocorrem o tempo todo e de forma dinâmica, interferindo uma na outra por meio de operações.

Então, ao pensarmos a formação dos formadores com relação à prática pedagógica relacional, podemos considerar que:

> Isto sugere um caminho didático para a formação de professores: refletir, primeiramente, sobre a prática pedagógica da qual o docente é sujeito. Apenas, então, apropria-se de teoria capaz de demonstrar a prática conservadora e apontar para as construções futuras. Em geral a formação de professores segue caminho (currículo) inverso: apropria-se da teoria e, em seguida, impô-la à prática, através de receituários didáticos, independentemente de sua pertinência a esta prática (Becker, 2002, p. 332).

Assim, é possível que se instaure um processo de reflexão entre o conhecimento do formador e sua prática pedagógica, oportunizando a esse formador conhecer no viver e viver o conhecer.

Quando tratamos de práticas pedagógicas que utilizam as TDV, além das relações que se estabelecem entre concepção epistemológica do formador e a prática, também precisam ser consideradas as concepções epistemológicas que fundamentam a organização da TDV. Ao utilizar as TDV no processo educacional, é essencial identificarmos as concepções que fundamentam o desenvolvimento das tecnologias que se pretendem utilizar, tendo uma ideia clara das suas possibilidades e potencialidades, pois, no uso que faremos delas, estará explícita a compreensão que temos do processo educativo num espaço digital virtual.

Os MDV3D oferecem uma estrutura, na sua concepção, que permite uma prática pedagógica caracterizada pelo(a):

- fazer autônomo, por meio do respeito mútuo, que consiste na ação do avatar em construir o mundo. Se o *e*-cidadão não constrói os MDV3D, nada existirá nesse espaço digital virtual;
- fazer responsável na construção dos MDV3D de maneira cooperativa, devido a sua complexidade para a realização dessa construção. Os *e*-cidadãos envolvendo-se na construção do todo para a apropriação do conhecimento sobre como se constrói, bem como a necessidade do outro para dar sentido e validade à construção metafórica;

- construção de um projeto comum, entre *e*-cidadãos de diferentes lugares (físicos), para a realização dos MDV3D; o comum e o diferente estão relacionados dialeticamente;
- projeto comum, que se constrói na dinâmica de relações do viver e conviver nos MDV3D.

Ao pensarmos nessas possibilidades e potencialidades que os MDV3D oferecem, podemos ter a pretensão de uma prática pedagógica para a formação humana que contemple:

- ampliação da percepção do ser humano nas relações e interconexões com outros temas e conhecimentos, bem como relações e interconexões com outros *e*-cidadãos de outros tempos e lugares;
- ampliação da capacidade de reflexão de cada ser humano, validando cada pergunta e dúvida elaboradas, como reveladoras da compreensão do outro sobre o que está sendo estudado, a sua história e a sua cultura;
- ampliação da capacidade de ação à medida que se avança na construção do conhecimento, respeitando o tempo de aprendizagem de cada um e legitimando o outro como alguém com quem eu aprendo.

Pensar a prática pedagógica, numa perspectiva interacionista, implica necessariamente considerar a interação como elemento fundamental para a construção do conhecimento. Formadores e aprendentes precisam compreender o processo de mediação pedagógica para que essa interação promova a construção de um conhecimento que contribua para um viver melhor, ou seja, um viver que emancipe homens e mulheres.

4. Mediação pedagógica para emancipação digital

A mediação é um movimento complexo que ocorre, em todos os momentos do viver e conviver, entre homens e mulheres. Porém, quando se trata dos processos de ensino e de aprendizagem, para a formação humana e a capacitação, por meio do processo de interação e reflexão, estamos referindo-nos à mediação pedagógica.

O movimento complexo que caracteriza a mediação, segundo Morin (apud Moraes, 2003), consiste em: articular o objeto de conhecimento de maneira contraditória e dual; perceber a dinamicidade entre o antagônico e o complementar; compreender a realidade múltipla em que vivemos; ser seres humanos em ação, interação e retroação; viver na perspectiva da coexistência; e estar em constante processo de reflexão. A reflexão consiste na ação de perceber o que não se percebe por meio da percepção do outro com quem convivemos.

> A reflexão é um processo de conhecer como conhecemos, um ato de voltar a nós mesmos, a única oportunidade que temos de descobrir nossas cegueiras e reconhecer que as certezas e os conhecimentos dos outros são, respectivamente, tão aflitivos e tão tênues quanto os nossos (Maturana e Varela, 2002, p. 29-30).

Então, pensar a mediação como um movimento complexo, o qual resulte na reflexão dos seres humanos que estão em interação, consiste em:

> [...] um processo comunicacional, conversacional, de coconstrução de significados, cujo objetivo é abrir e facilitar o diálogo e desenvolver a negociação significativa de processo e conteúdos a serem trabalhados nos ambientes educacionais, bem como incentivar a construção de um saber relacional, contextual, gerado na interação professor/aluno (Moraes, 2003, p. 210).

A mediação pedagógica ocorre quando homens e mulheres, em processo de interação, estabelecem relações de diálogo, por meio do respeito mútuo e da legitimidade do outro, para a construção do conhecimento. Nesse sentido, a relação se dá entre coensinantes e coaprendentes que estão no fluxo do viver e conviver. A mediação pedagógica diz respeito ao que acontece entre os seres humanos, independentemente da posição que ocupam no processo de interação (seja formador, aprendente, gestor, colaborador).

O formador e aprendente, quando estão em mediação pedagógica, têm seus propósitos e seus objetivos. O formador é o responsável pelo processo de ensino, é a autoridade do conhecimento, o que difere da compreensão de autoritarismo. O aprendente é o responsável pela sua aprendizagem, ele é quem sabe o que ainda não sabe e o que gostaria de saber. Mas, nesse processo, todos são aprendentes e ensinantes se estão em mediação pedagógica. O formador aprende ao ensinar e o aprendente ensina ao aprender.

> Os participantes são também mediadores pedagógicos quando têm uma abertura maior no processo de aprendizagem. Alunos compartilham não apenas seus conhecimentos prévios e opiniões sobre o assunto; mas também reflexões críticas através de múltiplos *feedbacks* para todos os colegas tornando-se também coautores das produções do curso ou de sua comunidade (Okada e Okada, 2007, p. 725).

Nessa perspectiva, é possível pensar a mediação pedagógica a partir do acoplamento estrutural que implica o viver e conviver com o outro e em congruência com o meio, mantendo um fluxo dinâmico de interações.

O viver e o conviver dos seres humanos ocorrem num meio em que eles estão em congruência, numa perspectiva de complementaridade. Os seres humanos interagem com outros seres humanos, que instauram perturbações, desempenhando reciprocamente o papel de perturbações compensatórias. Assim, quando duas ou mais unidades autopoiéticas (neste caso o ser humano) estão em processo de interação, uma das unidades percebe a outra através da sua estrutura, construída pela ontogenia, portanto, única e particular. Ao perceber a outra unidade, distinguindo tudo que for diferente, contraditório e/ou parecido, constituir-se-á em elementos de perturbação a estrutura, que, por sua vez, iniciará o processo de adaptação.

A adaptação sempre resulta de sequências de interações de um sistema plástico em seu meio que desencadeiam, nesse sistema, mudanças estruturais ou mudanças de estado, que, a qualquer momento, seleciona nele uma estrutura do meio no qual ele opera (interage ou se comporta) como um tal sistema, ou o desintegram (Maturana, 2002, p. 137)

"Isso significa que duas (ou mais) unidades autopoiéticas podem estar acopladas em sua ontogenia, quando suas interações adquirem um caráter *recorrente* ou muito estável" (Maturana e Varela, 2002, p. 87). Para tanto, a recorrência implica reciprocidade, e como são estruturas únicas e particulares, desencadeiam perturbações[12] entre as unidades e o meio em que estão em congruência. A compensação dessas perturbações, em que todos se transformam (seres humanos e meio), consiste no acoplamento estrutural.

Portanto, toda a mediação, pensada por meio do acoplamento estrutural, apresenta as características de: estabelecer relações heterárquicas, criar a postura de coaprendente e coensinante, propor o desenvolvimento da reflexão e considerar a transformação de todos que estão em interação. Assim:

Todos aprendem com todos (professores, monitores, tutores e alunos). Todos os participantes são corresponsáveis e coautores da produção coletiva de conhecimentos. E todos eles auxiliam um ao outro na sua produção individual (autoria própria) (Okada e Okada, 2007, p. 726).

O significado e o propósito da mediação pedagógica consistem na "[...] manutenção do fluxo das interações, nas conversações que se estabelecem, ou seja, no diálogo e na vivência do próprio processo [...]" (Moraes, 2003, p. 212).

Para que os seres humanos se encontrem em mediação pedagógica precisam estabelecer relações emocionais que se fundamentam no amor.

---

12. "[...] usamos a expressão *desencadear* um efeito, e com ela queremos dizer que as mudanças que resultam da interação entre o ser vivo e o meio são desencadeadas pelo agente perturbador e *determinadas pela estrutura do sistema perturbado*" (Maturana e Varela, 2002, p. 108).

Para Maturana (2005), as emoções são dispositivos corporais dinâmicos que definem os diferentes domínios de ação em que nos movemos. Então, ao mudarmos a emoção, mudamos o domínio de nossa ação.

A emoção que possibilita estarmos em mediação, é o amor. O amor é a emoção que nos permite estar em interação recorrente com o outro, pois somente no amor é que fazemos do outro alguém legítimo para conviver.

> O amor é constitutivo da vida humana, mas não é nada especial. O amor é o fundamento do social, mas nem toda a convivência é social. O amor é a emoção que constitui o domínio de condutas em que se dá a operacionalidade da aceitação do outro como legítimo outro na convivência, e é esse modo de convivência que conotamos quando falamos do social (Maturana, 2005, p. 23).

A aceitação do outro como legítimo para a convivência potencializa a mediação pedagógica e contribui para a configuração do espaço de convivência.[13]

Na perspectiva da coexistência, quando tratamos dos MDV3D, pensamos a mediação pedagógica para a configuração do espaço de convivência digital virtual,[14] porque estamos em congruência com o meio (nesse caso o espaço digital virtual).

> As redes interativas de computadores estão crescendo exponencialmente, criando novas formas e canais de comunicação, moldando a vida e, ao mesmo tempo, sendo moldadas por ela (Castells, 2003, p. 40).

---

13. Segundo Maturana e Varela (2002, apud Backes e Schlemmer, 2008, p. 2), "[...] a configuração dos espaços de convivência ocorre no fluxo de interações entre os seres vivos e entre os seres vivos e o meio, o que possibilita a transformação dos seres vivos e do meio, no viver cotidiano, entrelaçados pelas emoções, representações, perturbações e compensação das perturbações".

14. Segundo Backes (2007, p. 70), para se configurar um espaço de convivência digital virtual, "[...] é preciso que as unidades dos sistemas vivos, em interação num determinado espaço digital virtual de convivência, atuem de forma dinâmica por meio do contexto. Na medida em que as perturbações recíprocas são efetivadas nas interações, este esquema dinâmico possibilita a configuração de um novo espaço, representando o domínio das relações e interações do sistema vivo como uma totalidade".

Os seres humanos, representados pelos seus avatares, vivem e convivem nos MDV3D, em constante processo de interação. As perturbações, resultantes dessa interação e da congruência com o meio digital virtual, são compensadas na mediação entre os *e*-cidadãos, para que possam construir outros conhecimentos. O desejável no processo de mediação é que o conhecimento construído possa representar uma melhor condição de vida para cada ser humano e para o bem comum com o qual ele convive.

Então, estamos falando de um saber relacional e contextual, que é

> [...] gerado numa ecologia de pensamentos e ações que emerge em função das circunstâncias criadas nos ambientes de aprendizagem, na ecologia de significados que surge a partir do diálogo, da convivência, onde vão transformando-se mutuamente enquanto, simultaneamente, se autotransformam (Moraes, 2003, p. 213-214).

A mediação pedagógica se constitui quando, deste viver e conviver, homens e mulheres transformam-se no processo de interação e, ao se transformarem, modificam também a dinâmica do espaço de relação (físico ou digital virtual). Como resultado da mediação pedagógica, é desejável que, nessa transformação, outros conhecimentos sejam construídos. E, mais que isso, que esses sejam conhecimentos que provoquem a estrutura do ser humano e que esse ser humano possa, assim, tornar-se mais consciente da sua condição, para ter mais poder na tomada de decisão com relação ao seu viver e conviver, e, de maneira autônoma, possa transformar para um viver melhor tendo em vista o bem comum.

5
Experiências brasileiras e italianas

Eliane Schlemmer
Pierfranco Malizia
Luciana Backes
Gaia Moretti

As pesquisas com tecnologias de metaverso, tanto no âmbito educacional quanto no âmbito organizacional, ainda são muito recentes. No entanto, algumas instituições educacionais e organizações, em diferentes continentes, já se aventuram nesse "novo mundo". Entre as instituições educacionais, citamos: Harvard, Stanford, Boston College, MIT, Georgia Institute of Technology, Texas State University, Boise State University, Vassar College, entre outras, nos Estados Unidos; University of Victoria, Université de Montréal, Institute for Computer Studies, no Canadá; Universidade de Aveiro, Universidade do Minho e Universidade do Porto, em Portugal; Universität Hamburg, na Alemanha; França; Universidad Nacional de Educación a Distancia, na Espanha; Canterbury Christ Church University College, a Open University (Reino Unido); da Dinamarca, Finlândia; Fairholme College, na Austrália;

Waikato Institute of Technology, na Nova Zelândia; a Tokyo University of Foreign Studies, do Japão; Cingapura, Alasca, entre outras.

Entre as empresas citamos: IBM, Sony, Nike, Gabetti, Reuters, Novartis, Kraft, Unilever, Walt Disney, Accenture, US Army, Banco Bradesco e World Bank.

Muitas têm utilizado essa tecnologia para desenvolver simulação social, para investigar os relacionamentos sociais, a história, a teoria, a prática da representação e a produção da arquitetura, as questões relacionadas à aprendizagem em geral, incluindo também pessoas com algum tipo de deficiência, entre outras.

Neste capítulo são apresentadas e discutidas algumas dessas experiências nos âmbitos brasileiro e italiano, tanto vinculadas ao contexto educacional quanto ao contexto organizacional, e que na nossa perspectiva podem ser consideradas um início do que acreditamos representar a configuração de Comunidades Virtuais de Aprendizagem e de Prática em Metaverso.

O contexto educacional: experiências brasileiras

No contexto brasileiro, várias experiências estão sendo desenvolvidas, vinculadas ao âmbito educacional. Entre elas, citamos experiências realizadas pela Universidade do Vale do Rio dos Sinos (Unisinos), pela Rede de Instituições Católicas de Ensino Superior (Ricesu), pela Pontifícia Universidade Católica do Rio de Janeiro (PUC-Rio) e pela Universidade Anhembi Morumbi.

Universidade do Vale do Rio dos Sinos (Unisinos)

Os projetos desenvolvidos na Universidade do Vale do Rio dos Sinos (Unisinos), pelo Grupo de Pesquisa Educação Digital (GPe-dU) Unisinos/CNPq, vinculado ao Programa de Pós-graduação em Educação, têm como foco o desenvolvimento de pesquisas na área de

Educação e Cultura Digital. O grupo tem realizado vários projetos de desenvolvimento e pesquisa com o uso de diferentes tecnologias de metaverso, entre elas o *Eduverse*, o *Second Life* e o *OpenSimulator*, na interface com outras Tecnologias Digitais Virtuais (TDV), tais como Ambientes Virtuais de Aprendizagem (AVA), agentes comunicativos e tecnologias da Web 2.0, a fim de criar novos espaços de convivência,[1] de comunicação, os quais propiciam a configuração de redes sociais digitais virtuais,[2] sejam elas de comunicação, de relacionamento, de aprendizagem, entre outras. Entre as experiências que o grupo desenvolveu, podemos citar:

O Mundo Virtual Awsinos, no metaverso *Eduverse* (versão educacional do *software Active Worlds*), no qual o GPe-dU realizou diferentes projetos e também se organizou enquanto uma comunidade virtual de aprendizagem e de prática, reuniu outros pesquisadores e alunos da graduação, mestrado e doutorado, que compartilhavam o interesse em investigar os limites e potencialidades do uso dessa tecnologia para os processos de ensino e de aprendizagem. Dessa iniciativa originaram-se vários projetos, enquanto microcomunidades virtuais de aprendizagem,

---

1. "Segundo Maturana e Varela (2002), a configuração de espaços de convivência corre por meio do fluxo de interações entre os seres vivos e entre o ser vivo e o meio, o que possibilita a transformação dos seres vivos e do meio, no viver cotidiano, imbuídos das emoções, percepções, perturbações e compensação das perturbações. Ou seja, no contexto educacional, o educador tem um espaço que lhe é próprio para conviver com os estudantes, os estudantes também têm um espaço que lhes é atribuído, mas por meio das interações, educador e estudantes configuram um espaço de convivência que lhes é comum, onde todos são coensinantes e coaprendentes. Quando não se configura este espaço comum de convivência, ocorre somente a transmissão de informações, sem propiciar a transformação do estudante e tão pouco a construção do conhecimento" (Backes, 2007, p. 54-5).

2. De um modo geral, redes sociais ligam-se à teia de relações. "Rede é um conjunto de nós interconectados [...] são estruturas abertas capazes de expandir de forma ilimitada, integrando novos nós desde que consigam comunicar-se dentro da rede, ou seja, desde que compartilhem os mesmos códigos de comunicação. [...] Redes constituem a nova morfologia social de nossas sociedades, e a difusão da lógica de redes modifica de forma substancial a operação e os resultados dos processos produtivos e de experiência, poder e cultura" (Castells, 1999, p. 497-98). Assim, entendemos por redes sociais digitais virtuais as redes que se criam e que se autoproduzem por meio da ação, interação entre os sujeitos, das relações e inter-relações que se estabelecem num espaço digital virtual e que resultem em novos espaços de convivência. Essas redes se configuram como sistemas complexos.

entre eles: "A construção de mundos virtuais para formação a distância", a partir do qual surgiu o "Mundo de Contos" (envolvendo alunos da graduação em Pedagogia, Letras e Arquitetura e alunos do mestrado em Educação) e a "Vila dos Jogos" (envolvendo alunos da graduação em Jogos Digitais e Pedagogia); a "Formação do Educador na Interação com o AVA em Mundos Virtuais: percepções e representações", no qual teve origem a tecnologia-conceito "Espaço de Convivência Digital Virtual (ECODI)" e a Caverna de Platão.

A Ilha Unisinos foi criada em 2006, no metaverso *Second Life*, onde o GPe-dU vem investigando as potencialidades e limites dessa tecnologia para processos de ensino e de aprendizagem. Uma das potencialidades identificadas está na variedade de formas de comunicação e interação que essa tecnologia propicia de forma integrada, seja pelas linguagem textual, oral, gráfica e gestual, o que transforma as atuais possibilidades encontradas na Educação a Distância, revolucionando-a. Dessa iniciativa originaram-se vários projetos, enquanto microcomunidades virtuais de aprendizagem, entre eles: ECODI Unisinos Virtual (no âmbito da graduação ofertada na modalidade *on-line*), ECODI PPGs Unisinos, ECODI el Gate.

No âmbito do ECODI PPGs Unisinos, o GPe-dU se estrutura enquanto uma CVAP, pois a partir de interesses comuns, os quais são compartilhados pelo grupo, potencializa trocas de informações e o compartilhamento de ideias, experiências, melhores práticas, entre outras, em encontros que acontecem simultaneamente no espaço presencial físico e no espaço digital virtual. Esses encontros possibilitam a realização de pesquisas interinstitucional e inter e transdisciplinar, e implicam momentos para planejamento, para discussões teóricas, realizações de reuniões, apresentações de trabalhos, dissertações e teses, realização de eventos, ações de pesquisa, entre outros. Nesse mesmo contexto são também realizadas orientações de trabalho de conclusão de curso de graduação, de dissertação de mestrado, de tese de doutorado, atividades curriculares e extracurriculares, cursos em nível de extensão, entre outros.

No âmbito do ECODI el Gate, a perspectiva é de formação de uma CVAP vinculada à temática das "Relações Internacionais", envolvendo seis universidades, sendo duas europeias e quatro latino-americanas.

Rede de Instituições Católicas de Ensino Superior (Ricesu)

Outra experiência brasileira vinculada ao contexto educacional se refere à Rede de Instituições de Ensino Superior Católicas (Ricesu) <http://www.ricesu.com.br>, a partir do desenvolvimento do ECODI-Ricesu. Esse projeto envolveu treze Instituições de Ensino Superior Católico (IESC), situadas em diferentes regiões do Brasil e que integram a Ricesu. O Projeto ECODI-Ricesu foi composto de duas etapas: a primeira consistiu na aquisição de uma Ilha no metaverso *Second Life* (SL) para a criação da Ilha Ricesu, que tomou forma a partir da criação de diferentes Espaços Digitais Virtuais em 3D (EDV3D), para uso comum da Ricesu, com o objetivo de propiciar a constituição de ECODI a fim de possibilitar o desenvolvimento de CVA e CVP no contexto de Educação Digital e, mais especificamente, da Educação *On-line* em metaverso. A segunda etapa consistiu na oferta de dois processos formativos para professores/pesquisadores/profissionais das IESCs que integram a Ricesu, com o objetivo de criar "nós" de competências institucionais para o desenvolvimento de propostas educacionais em metaverso, contribuindo, assim, para o desenvolvimento de ações tanto locais quanto em rede, constituindo-se numa microrrede (microcomunidade).

Pontifícia Universidade Católica do Rio de Janeiro (PUC-Rio)

Ainda vinculada ao contexto educacional, a Pontifícia Universidade Católica do Rio de Janeiro (PUC-Rio) utiliza *Second Life* como um ambiente de experimentação em mundos virtuais, principalmente no que se refere a jogos educacionais. Entre eles citamos "O Brinque de Teatro", que é um jogo que possibilita a criação e encenação de histórias colaborativamente, projetado para possibilitar que as crianças expressem sua criatividade e imaginação para "criar encenando" uma história em grupo.

Universidade Anhembi Morumbi

Na Universidade Anhembi Morumbi, os projetos desenvolvidos pelo professor Ph.D João Mattar[3] envolvem a realização de cursos, eventos[4] e palestras, sendo que muitos dão origem à CVAP, em função de que os participantes continuam a realizar trocas vinculadas ao interesse comum.

O contexto organizacional: experiências brasileiras

No contexto brasileiro, experiências também estão sendo desenvolvidas no âmbito organizacional. Entre elas citamos as experiências realizadas pelo Sebrae e pelo Portal Educação.

Sebrae — Ilha empreendedor

A presença do Sebrae no metaverso *Second Life* iniciou-se em 2007, com a construção de um espaço na Ilha SP Itaim. Em 2008, com o sucesso obtido em atendimentos e palestras, foi construída a Ilha do Empreendedor. A Ilha foi projetada por uma equipe de arquitetos e executada e operacionalizada pelo Instituto de Estudos Avançados (IEA). A Ilha Empreendedor é utilizada para divulgar informações, desenvolver processos de capacitação, realizar atendimentos e também para entretenimento.

---

3. Entre as obras escritas pelo autor vinculadas à temática, destacam-se: *ABC da EaD, Second Life e Web 2.0 na educação* e *Games em educação*: como os nativos digitais aprendem. Disponível em: <http://blog.joaomattar.com/11/>; <http://blog.joaomattar.com/862/>.

4. Destacam-se duas edições do Virtual Worlds Best Practices in Education — com sessões sobre o uso do SL em educação em língua portuguesa. Disponível em: <http://www.vwbpe.org/>.

Ilha Sebrae, criada pelo Sebrae no metaverso *Second Life*

Além de divulgar os cursos que o Sebrae oferece pela internet, também são realizados cursos sobre o SL, palestras e aulas, feiras e encontros de negócios, são disponibilizados estandes para a criação de lojas, entre outros. A Ilha do Empreendedor também realiza atendimentos diários na Ilha.

Portal Educação — Ilha Educação

O Portal Educação, empresa que atua na área da Educação a Distância desde 2001, iniciou o desenvolvimento de atividades no metaverso *Second Life* em um espaço na **Ilha Vestibular Brasil** e, para ampliar a área e a possibilidade de novas interações com estudantes, palestrantes e outros, criou, em 2009, a **Ilha da Educação** no *Second Life*. Segundo a empresa, a ilha foi criada com o objetivo de promover a cultura e educação, além da união de diversos estudantes e professores em busca de um bem comum, o conhecimento adquirido por meio da colaboração.

Cada parte da Ilha Educação, segundo seus idealizadores, foi pensada e desenvolvida para a realização de diferentes tipos de atividades, tais como aulas, palestras, objetos de aprendizagem, espaço para RPGs,

Ilha Educação, criada pelo Portal Educação no metaverso *Second Life*

estandes de profissionais que trabalham ativamente com a EAD, centro cultural, entre outros espaços maleáveis para diversos tipos de atividades.

A tecnologia de metaverso pode vir a se constituir em um novo espaço de convivência, baseado na formação de redes sociais digitais virtuais de aprendizagem e de prática. Nesse sentido ela se institui enquanto TDVs que podem contribuir, significativamente, tanto para informar quanto para formação e capacitar pessoas, aplicando-se a diferentes domínios da sociedade. No entanto, como se trata de algo novo, tornam-se necessários processos investigativos que nos ajudem a compreender os limites e as potencialidades para o desenvolvimento humano e social.

O contexto educacional: experiências italianas

Muitas universidades e centros de estudos italianos desfrutaram, nos últimos anos, do *Second Life* como lugar de aprendizagem, ensino e pesquisa. Um caso de sucesso pode ser representado pela Universidade de Torino (UniTo).

A UniTo foi uma das primeiras universidades a entrar no SL. O projeto, iniciado em 2007, era focalizado sobre a acolhida dos novos estudantes, a recepção deles pelos orientadores e a orientação geral dos estudantes num espaço virtual que replicava quase completamente o real da universidade.

A universidade, que desenvolve muitas atividades de *e-learning* e possui um agente virtual de orientação no próprio *website*, utiliza o *Second Life* principalmente como extensão da Web, para desenvolver as temáticas de ensino e pesquisa ligadas à virtualidade e as novas tecnologias através do uso das mesmas tecnologias.

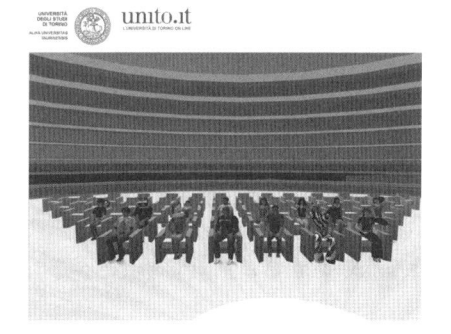

Depois deste primeiro momento, aulas e cursos foram desenvolvidos para providenciar, sobretudo, lições sobre argumentos relatados ao *e-learning* e as tecnologias de aprendizagem *on-line*. Algumas comunidades de estudantes formaram-se durante estes três anos, ao redor da área temática da aprendizagem e das tecnologias virtuais.

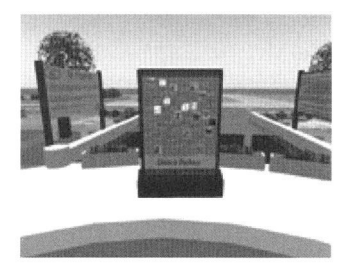

O contexto organizacional: experiências italianas

Indire

Como já sublinhado no capítulo 3, algumas organizações italianas podem representar verdadeiros exemplos de desenvolvimento de boas praticas, no campo da aprendizagem organizacional mediado pela tecnologia metaverso.

Indire, hoje Agência Nacional pelo Desenvolvimento da Autonomia da Escola, representa um caso muito interessante de organização que oferece cursos desenvolvidos no SL, desfrutando assim muitos elementos das tecnologias digitais virtuais.

Durante seis meses, dez estudantes do Instituto de Arte da Vitória, do PCP "Artigianelli", do Centro de Moda "Canossa" de Trento, tiveram como tarefa imaginar e criar um centro de exposições de arte no *Second Life*, com o objetivo de desenvolver o pensamento criativo. O objetivo principal do projeto foi, nas palavras de Lorenzo Frizzera, diretor do Centro de Moda "Canossa",[5] estimular e desenvolver a criatividade dos alunos:

> [...] um pensamento que não segue uma direção, mas a gera, um pensamento que desenvolve riqueza de ideias e não a sua correção, um pensamento que não garante uma solução permanente para um problema, mas aumenta a possibilidade de achá-la, um pensamento que procura uma oportunidade para trazer uma mudança em suas ideias.

Um jogo de tabuleiro foi utilizado para o desenvolvimento de novos significados: o jogo Qing. Neste jogo ganha as várias frases quem liga palavras a partir de campos diferentes. Após esta fase preparatória, o curso foi caraterizado por uma semana de *start-ups*. Os alunos passaram depois da produção de ideias para a construção do Centro para o Desenvolvimento da Criatividade, e posteriormente, categorizadas e

---

5. Entrevista disponível em: <http://www.indire.it/content/index.php?action=read&id=1548>. Acesso em: out. 2008.

avaliadas estas ideias, eles escolheram as melhores aplicações criativas e, finalmente, fazerem o *Second Life*.

As lições de construção no *Second Life* sempre foram realizadas simultaneamente com a presença de um professor em sala de aula nas diferentes cidades dos alunos. Os alunos interagiram com os avatares dos professores, com quem se podia falar através do uso de fones de ouvido e microfones. Estas lições foram intercaladas com outras em uma base mensal, em que alunos e professores reuniram-se no mundo real, a fim de avaliar o verdadeiro conteúdo criativo do projeto e do cumprimento dos objetivos inicialmente solicitados. Portanto, uma ligação entre o real e o virtual esteve muito presente.

O objetivo alcançado pelo projeto foi a concepção e construção do Centro para o Desenvolvimento da Criatividade, mas o entusiasmo dos alunos trouxe ao desenvolvimento da Ilha True Heart, a qual "é hoje como um museu de arte contemporânea, e em seguida, como um lugar onde a criatividade se manifesta em uma estética e artística, e não como um simples ponto de encontro virtual para o desenvolvimento da criatividade alvo cruz como uma forma de pensamento (técnico, social, político, econômico, emocional, relacional etc.)".

O interessante do projeto é que o objetivo relatava-se perfeitamente às ferramentas utilizadas: a construção de prédios, objetos e obras de arte desenvolveu, entre os estudantes, o entusiasmo para o uso da plataforma virtual, tanto que eles continuaram a construir fora da sala de aula e além das tarefas (ver capítulo 3). A aprendizagem do curso transformou-se em aprendizagem colaborativa e compartilhada, e os alunos formaram uma comunidade de aprendizagem e de prática virtual.

Gabetti Itália

Gabetti[6] representa uma das empresas italianas mais ativas no campo dos bens imóveis; em 2007, atuou em um projeto de "entrada"

---
6. Disponível em: <www.gabetti.it>.

em *Second Life* focalizado sobre a formação dos funcionários. Um grupo de cinco pessoas, "The Bright Five", experimentou por um ano o trabalho de "Avatar Corretor de Imóveis", propondo soluções virtuais para os avatares do *Second Life*.

O objetivo principal do projeto era a experimentação de novas formas de relações comerciais no campo dos bens imóveis. Os funcionários tinham também um objetivo de *business*, ou seja, faturar 250.000 L$ em seis meses.

O interessante são as experiências dos funcionários, nas palavras deles: "A profissão de avatar corretor de imóveis permitiu-me ampliar e desenvolver muitas relações em SL, que se transformaram em verdadeiras amizades entre avatares" (Carmen Gabetti, no comunicado estampado). Além de alcançar o objetivo econômico, o projeto de imóveis desenvolveu-se também como espaço de relações: imóveis, comerciais, virtuais, mas sempre relações complexas.

Referências bibliográficas

AA.VV. *Professione, formazione*. Milano: Franco Angeli, 1993.

BACKES, L. *A formação do educador em mundos virtuais*: uma investigação sobre os processos de autonomia e de autoria. 2007. 186 p. Dissertação (Mestrado) — Programa de Pós-graduação em Educação, Universidade do Vale do Rio dos Sinos, Unisinos, São Leopoldo.

BACKES, L.; SCHLEMMER, E. *A configuração do espaço digital virtual de convivência na formação do educador em mundos virtuais*. In: CONGRESSO INTERNACIONAL ABED DE EDUCAÇÃO A DISTÂNCIA, 14., Santos, v. 1, p. 1-11., 2008.

BECKER, F. Modelos pedagógicos e modelos epistemológicos. *Educação e Realidade*, Porto Alegre, UFRGS, Faculdade de Educação, v. 19, n. 1, p. 89-97, jan./jun. 1994.

_____. *A epistemologia do professor*: o cotidiano da escola. Petrópolis: Vozes, 2002.

BENFORD, S. et al. *From rooms to cyberspace*: models of interaction in large virtual computer spaces. Nottingham: University Park Nottingham, 1993.

BROWN, E.; CAIRNS, P. *A grounded investigation of game immersion*. In: CONFERENCE ON HUMAN FACTORS IN COMPUTING SYSTEMS. CHI '04 extended abstracts on human factors in computing systems; 24-29 Apr. 2004.

CASTELLS, Manuel. *A sociedade em rede*. São Paulo: Paz e Terra, 1999.

_____. *A galáxia da internet*: reflexões sobre a internet, os negócios e a sociedade. Rio de Janeiro: Zahar, 2003

CASTELLS, Manuel. *A sociedade em rede*. São Paulo: Paz e Terra, 2003.

CASTRONOVA, E. *Synthetic worlds*. Chicago: University of Chicago Press, 2005

CIAMPA, A. C. *Identidade*. In: CODO, W.; LANE, S. T. M. (Org.). *Psicologia social*: o homem em movimento. São Paulo: Brasiliense, 1984. p. 58-75.

CORRÊA, E. S. Cibercultura: um novo saber ou uma nova vivência? In: TRIVINHO, Eugênio; CAZELOTO, Edílson (Org.). *A cibercultura e seu espelho [recurso eletrônico]*: campo de conhecimento emergente e nova vivência humana na era da imersão interativa. São Paulo: ABCiber/Instituto Itaú Cultural, 2009. 166 p. (Col. ABCiber, v. 1.) Disponível em: <http://www.abciber.org/publicacoes/livro1/>.

COSTA, G.; RULLANI, E. *Il maestro e la rete*. Milano: Etas, 1999.

DANIEL, Ben; SCHWIER, Richard A.; McCALLA, Gordon. Social capital in virtual learning communities and distributed communities of practice. *Canadian Journal of Learning and Technology*, v. 29, n. 3, Fall 2003.

DE KERCKHOVE, D. *Brainframe*. Bologna: Baskerville, 1993.

DESCARTES, R. *Discurso do método*. Tradução de Eurico Corvisieri. São Paulo: Nova Cultural, 1999 [original 1637]. (Col. Os Pensadores.)

DOMINGUES, D. *Arte, vida, ciência e criatividade com as tecnologias numéricas*. In: _____ (Org.). *Arte e vida no século XXI*: tecnologia, ciência e criatividade. São Paulo: Ed. da Unesp, 2003. Disponível em: <http://artecno.ucs.br/livros_textos/textos_site_artecno/3_capitulo_livros/diana2003_artevidaxxi_cap.rtf>. Acesso em: 20 abr. 2007.

DUBROVSKY, V. The equalization phenomenon. In: *Human-Computer Interaction*, n. 6, 1991.

FESTINGER L. Some consequences of deindividuation. *Journal of Applied Psychology*, n. 47, 1952.

FIGUEIREDO, A. D.; AFONSO, A. P. Context and learning: a philosophical framework. In: _____; _____ (Ed.). *Managing learning in virtual settings*: the role of context. Hershey: Information Science Publishing, 2005. p. 1-22.

FREIRE, P. *Conscientização*: teoria e prática da libertação — uma introdução ao pensamento de Paulo Freire. São Paulo: Centauro, 2001.

GALIMBERTI, C.; RIVA, G. *La comunicazione virtuale*. Milano: Guerini & Ass. 1997.

GENTILI, G. *Apprendimento, esperieza e competenza*, n. 41, 2006. Disponível em: <www.formare.erickson/archivio>.

GIBSON, W. *Neuromancer*. New York: Ace, 1984.

HARAWAY, D. *When species meet*: feminism after cyborgs. Conferência proferida no MACBA, Barcelona, 22 maio 2005. Disponível em: <http://www.macba.es/media/haraway/>.

HILTZ, S.; TUROFF, M. *The network motion*. Chicago: MIT Press, 1978.

HU, Osvaldo Ramos Tsan. *Contribuições ao desenvolvimento de um sistema de telepresença por meio da aquisição, transmissão e projeção em ambientes imersivos de vídeos panorâmicos*. Tese (Doutorado em Sistemas Eletrônicos) — Escola Politécnica, Universidade de São Paulo, São Paulo, 2006. Disponível em: <http://www.teses.usp.br/teses/disponiveis/3/3142/tde-19092006-134926/>. Acesso em: fev. 2009.

JACQUES M. G. C. Identidade. In: STREY, Marlene N. et al. *Psicologia social contemporânea*. 2. ed. Petrópolis: Vozes, 1998. p. 159-67.

KANT, I. *Crítica da razão pura*. São Paulo: Abril Cultural, 1983. (Col. Os Pensadores.)

KLASTRUP, L. *A poetics of virtual worlds*. Artigo apresentado na conferência MelbourneDAC2003. Melbourne: 2003. Disponível em: <http://hypertext.rmit.edu.au/dac/papers/>.

LEMOS, André. *Cibercultura*: tecnologia e vida social na cultura contemporânea. Porto Alegre: Sulina, 2002.

LÉVY, P. *O que é virtual?* São Paulo: Editora 34, 1996.

_____. *Cibercultura*. Rio de Janeiro: Editora 34, 1999.

LOMBARD, M.; DITTON, T. At the heart of it all: the concept of presence. *Journal of Computer Mediated-Communication*, 1997. Disponível em: <http://www.ascusc.org/jcmc/vol3/issue2/lombard.html>.

MAIMONE, Fabrizio. *La comunicazione organizzativa*. Roma: Franco Angeli, 2009.

MALIZIA, Pierfranco. *Non solo soft*. Roma: Franco Angeli, 2005.

_____. *Comunic-a-zioni*. Roma: Franco Angeli, 2006.

MANTOVANI G. *Comunicazione e identità*. Bologna: Il Mulino, 1995.

MATTAR, J. O uso do Second Life como ambiente virtual de aprendizagem. *Revista Fonte*, Belo Horizonte, n. 5, p. 88-95, 2008. Disponível em: <http://www.prodemge.gov.br/images/stories/volumes/volume8/ucp_joaomattar.pdf>. Acesso em: 25 jun. 2009.

MATURANA, H. R. *De máquina e seres vivos*: Autopoiese — a organização do vivo. 3. ed. Porto Alegre: Artes Médicas, 1997.

_____. *Transformación en la convivencia*. Santiago de Chile: Dólmen Ediciones, 1999.

_____. *A ontologia da realidade*. Belo Horizonte: Ed. da UFMG, 2002.

_____. *Emoções e linguagem na educação e na política*. Belo Horizonte: Ed. da UFMG, 2005.

_____; REZEPKA, S. N. *Formação humana e capacitação*. Petrópolis: Vozes, 2000.

_____; VARELA, F. J. *A árvore do conhecimento*: as bases biológicas do conhecimento humano. Campinas: Ed. Psy, 1995.

McCALLUM, E. L. Mapping the real in cyberfiction. *Poetics Today*, n. 21.2, p. 349-77. 2000.

MINSKY, M. Telepresence. *Omni Magazine*, 1980. Disponível em: <http://web.media.mit.edu/~minsky/papers/Telepresence.html>.

MORAES, M. C. *Educar na biologia do amor e da solidariedade*. Petrópolis: Vozes, 2003.

MORETTI, Gaia. *Sistema e impresa*. Roma: Polimata, 2009.

_____. *La simulazione come strumento di produzione di conoscenza*: comunità di apprendimento e di pratica nei mondi virtuali. Tese (Doutorado em Ciências da Comunicação e Organizações Complexas, XXII ciclo) — Universidade de Lumsa, Roma, 2010.

_____. Mundos digitais virtuais em 3D e aprendizagem organizacional: uma relação possível e produtiva. In: CONGRESO DE LA CIBERSOCIEDAD, 4.,

Crisis Analógica, Futuro Digital, 2009. Disponível em: <http://www.cibersociedad.net/congres2009/es/coms/mundos-digitais-virtuais-em-3d-e-aprendizagem-organizacional-uma-relasao-possivel-e-produtiva/644/>. Acesso em: fev. 2010.

MORMINO S. *Comunità professionali in rete*. Tese (Doutorado em Ciências da Comunicação e Organizações Complexas, XXII ciclo) — Universidade de Lumsa, Roma, 2009.

NONAKA, Ikujiro; TAKEUCHI, Hirotaka. *The knowledge creating company*: creare le dinamiche dell'innovazione. Milano: Guerini e Associati, 1998.

_____; KONNO, Noboru. *The concept of "Ba"*: building a foundation for knowledge creation. Butterworth: Heinemann, 1999.

OKADA, A.; OKADA, S. Novos paradigmas na educação online com a aprendizagem aberta. In: CONFERÊNCIA INTERNACIONAL DE TIC NA EDUCAÇÃO — CHALLENGES, 5., *Anais*..., 2007. Braga, Universidade do Minho, p. 719-29, 2007. Disponível em: <http://www.nonio.uminho.pt/documentos/actas/actchal2007/114.pdf>. Acesso em: 30 jul. 2010.

ONDREJKA, C. Education unleashed: participatory culture, education, and innovation in second life. In: SALEN, K. (Ed.). The ecology of games: connecting youth, games, and learning. Cambridge: MIT Press, 2008. p. 229-52.

PACCAGNELLA L. *La comunicazione al computer*. Bologna: Il Mulino, 2000.

PACELLI, D. (Org.). *Nuove espressioni di socialità*. Milano: Franco Angeli, 2004.

PALLOFF, Rena M.; PRATT, Keith. *Building learning communities in cyberspace*: effective strategies for the online classroom. São Francisco: Jossey-Bass Publishers, 1999.

PAPERT, S. *Logo*: computador e educação. São Paulo: Brasiliense, 1988.

PIAGET, Jean. *Estudos sociológicos*. Rio de Janeiro: Forense, 1973.

_____; IHNELDER, Bärbel. *A representação do espaço na criança*. Tradução de Bernardina Machado de Albuquerque. Porto Alegre: Artes Médicas, 1993.

POLANYI, K. *The tacit dimension*. London: Routledge & Keagan, 1966

PRENSKY, Marc. Digital natives, digital immigrants in on the horizon. *MCB University Press*, v. 9 n. 5, Oct. 2001. Disponível em: <http://www.marcprensky.

com/writing/Prensky%20-%20Digital%20Natives,%20Digital%20Immigrants%20-%20Part1.pdf>. Acesso em: ago. 2009.

RHEINGOLD, H. *The virtual community*: homesteading at the electronic frontier, [1993]. Disponível em: <http://www.rheingold.com/vc/book>. Acesso em: ago. 2010.

SAVAZONI, Rodrigo; COHN, Sergio. *Cultura digital.br*. Rio de Janeiro: Aaogue Editorial, 2009.

SCATIZZA, A. L'interazione sociale trans locale. *Comunicando*, n. 3, 2003.

SCHEIN, Edgar H. *Cultura d'azienda e leadership*: una prospettiva dinamica, Milano: Guerini e Associati, 1990.

_____. *Culture d'impresa*: come affrontare con successo le transizioni e i cambiamenti organizzativi. Milano: Raffaello Cortina, 1999.

SCHLEMMER, Eliane. *A representação do espaço cibernético pela criança, na utilização de um ambiente virtual*. Dissertação (Mestrado em Psicologia do Desenvolvimento) — Programa de Pós-graduação em Psicologia, Universidade Federal do Rio Grande do Sul, Porto Alegre, 1998.

_____. *AVA*: um ambiente de convivência interacionista sistêmico para comunidades virtuais na cultura da aprendizagem. Tese (Doutorado em Informática na Educação) — Programa de Pós-graduação em Informática na Educação, Universidade Federal do Rio Grande do Sul, Porto Alegre, 2002.

_____. Ambiente virtual de aprendizagem (AVA): uma proposta para a sociedade em rede na cultura da aprendizagem. In: VALENTINI, Carla Beatriz; SOARES, Eliana Maria do Sacramento (Org.). *Aprendizagem em ambientes virtuais*: compartilhando ideias e construindo cenários. Caxias do Sul, 2005. p. 135-60.

_____. Metodologias para educação a distância no contexto da formação de comunidades virtuais de aprendizagem. In: BARBOSA, Rommel Melgaço (Org.). *Ambientes virtuais de aprendizagem*. Porto Alegre, 2005. p. 29-49.

_____. *A construção de mundos virtuais para formação a distância*. Relatório de Pesquisa. Programa de Pós-graduação em Educação, Universidade do Vale do Rio dos Sinos (Unisinos), São Leopoldo, 2005.

_____. O trabalho do professor e as novas tecnologias. *Textual*, Porto Alegre, v. 1, n. 8, p. 33-42, 2006.

SCHLEMMER, Eliane. *Formação do educador na interação com o AVA em mundos virtuais*: percepções e representações. Relatório de Pesquisa. Programa de Pós-graduação em Educação, Universidade do Vale do Rio dos Sinos (Unisinos), São Leopoldo, 2007.

_____. *ECODI*: a criação de espaços de convivência digital virtual no contexto dos processos de ensino e aprendizagem em metaverso. *IHU Ideias*, São Leopoldo, ano 6, n. 103, 2008 [caderno], *Telepresença*. Curitiba: Iesde Brasil, 2009. 180 p.

_____. Dos ambientes virtuais de aprendizagem aos espaços de convivência digitais virtuais ECODI: o que se mantêm? O que se modificou? In: VALENTINI, Carla Beatriz; SOARES DO SACRAMENTO, Eliana Maria (Org.). *E-book aprendizagem em ambientes virtuais*: compartilhando ideias e construindo cenários. 2 ed. Caxias do Sul: Educs. 2010, v. 2, p. 145-91.

_____. A aprendizagem por meio de comunidades virtuais na prática. In: LITTO, Fredric Michael; FORMIGA, Marcos. *Educação a distância*: o estado da arte, v. 2. São Paulo: Pearson Education do Brasil, 2012.

_____ et al. AWSINOS: construção de um mundo virtual. In: VIII CONGRESSO ÍBERO-AMERICANO DE GRÁFICA DIGITAL, 8., *Anais...*, Sigradi, São Leopoldo, v. 1, p. 110-13, 2004.

_____ et al. Mariá, um agente comunicativo. In: CONGRESSO ÍBERO-AMERICANO DE GRÁFICA DIGITAL, 8., *Anais...*, Sigradi, São Leopoldo, v. 1, p. 149-50, 2004.

_____; BACKES, L. Metaversos: novos espaços para construção do conhecimento. *Revista Diálogo Educacional*, PUC-PR, v. 24, p. 519-32, 2008.

_____. *Espaço de convivência digital virtual*: ECODI-Ricesu. Relatório de Pesquisa. Programa de Pós-graduação em Educação, Universidade do Vale do Rio dos Sinos (Unisinos), São Leopoldo, 2009.

_____ et al. ECODI: a criação de um espaço de convivências digital virtual. In: SIMPÓSIO BRASILEIRO DE INFORMÁTICA NA EDUCAÇÃO, 17., (SBIE), *Anais...*, Brasília, p. 467-76, 2006.

_____; TREIN, Daiana; OLIVEIRA, Christoffer. Metaverso: a telepresença em mundos digitais virtuais 3D por meio do uso de avatares. In: SIMPÓSIO BRASILEIRO DE INFORMÁTICA EDUCATIVA, 19., (SBIE), *Anais...*, Fortaleza,

2008. Disponível em: <http://200.169.53.89/download/CD%20 congressos/2008/SBIE/sbie_artigos_completo/Metaverso%20a%20telepresen%C3%A7a%20em%20Mundos%20Digitais%20Virtuais%203D.pdf>. Acesso em: fev. 2009.

SCHLEMMER, Eliane; TREIN, Diana; OLIVEIRA, Christopher. Metaverse: telepresence in 3D avatar-driven. *Digital-Virtual Worlds.@tic*, revista de inovação educativa, v. 2, p. 26-32, 2009.

SCOTTI, Emanuele; SICA, Rosario. *Community management*: processi informali, social networking e tecnologie Web 2.0 per la gestione della conoscenza nelle organizzazioni. Roma: Apogeo, 2007

SHORT J.-WILLIAMS, E. *The social psychology of telecommunications*. London: Willy, 1976.

SILVA, M. Educação presencial e on-line. Sugestões de interatividade na cibercultura. In: TRIVINHO, Eugênio; CAZELOTO, Edílson (Org.). *A cibercultura e seu espelho* [recurso eletrônico]: campo de conhecimento emergente e nova vivência humana na era da imersão interativa. São Paulo: ABCiber/Instituto Itaú Cultural, 2009. 166 p. (Col. ABCiber, v. 1). Disponível em: <http://www.abciber.org/publicacoes/livro1/>.

SORRENTINO, G.; RANIERI, L. *Apprendimento 2.0, apprendimento 3D*: competizione evolutiva o integrazione, 2008? Disponível em: <www.didagroup.it>.

STEPHENSON, Neal. *Snow crash*. New York: Bantam, 1992.

THOMPSON, J. *Mezzi de comunicazione e modernità*. Bologna: Il Mulino, 1998.

TREIN, D. *(Re)construção de identidades digitais virtuais e telepresença*: a mediação pedagógica em MDV3D. Dissertação (Mestrado em Educação) — Programa de Pós-graduação em Educação, Universidade do Vale do Rio dos Sinos (Unisinos), São Leopoldo, 2010.

_____; BACKES, L. A biologia do amor para uma educação sem distância. In: CONGRESSO INTERNACIONAL ABED DE EDUCAÇÃO A DISTÂNCIA, 15., *Anais*..., Fortaleza, p. 1-10, 2009. Disponível em: <http://www.abed.org.br/congresso2009/CD/trabalhos/1552009214901.pdf>.

TURKLE, Sherry. Fronteiras do real e do virtual. Entrevista concedida a Federico Casalegno. *Revista Famecos*, Porto Alegre, n. 11, dez. 1999.

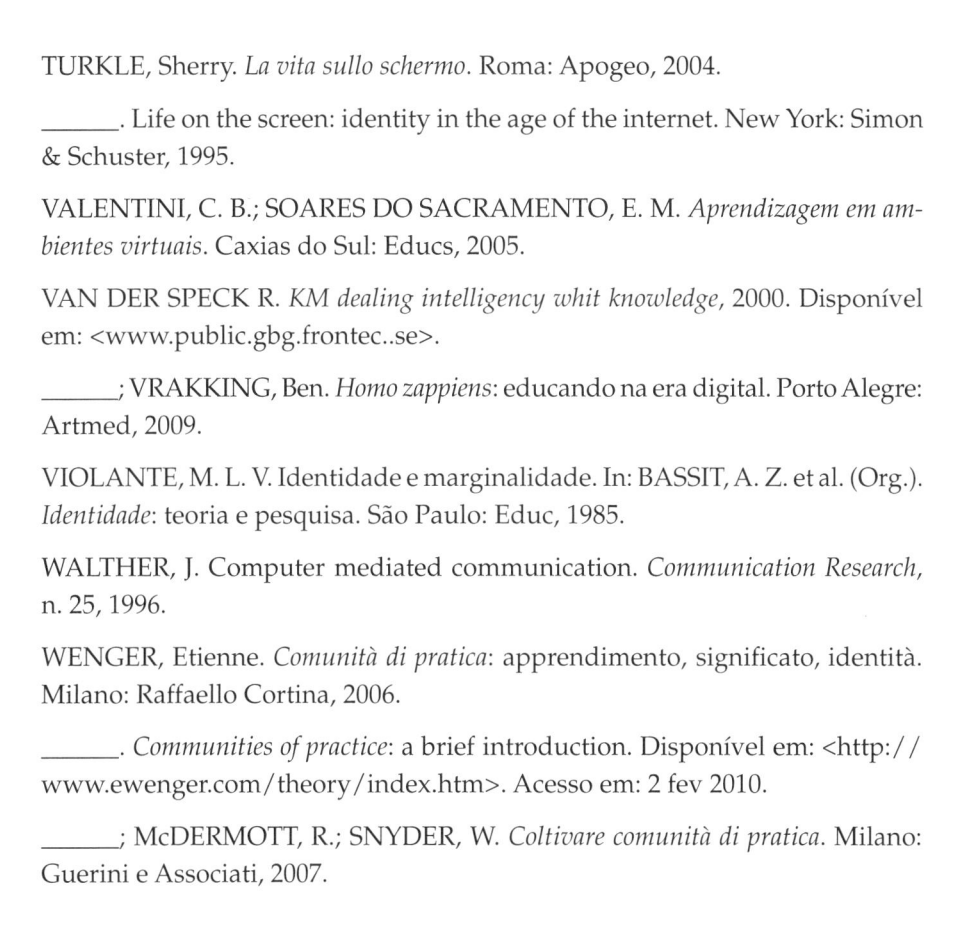

TURKLE, Sherry. *La vita sullo schermo*. Roma: Apogeo, 2004.

_____. Life on the screen: identity in the age of the internet. New York: Simon & Schuster, 1995.

VALENTINI, C. B.; SOARES DO SACRAMENTO, E. M. *Aprendizagem em ambientes virtuais*. Caxias do Sul: Educs, 2005.

VAN DER SPECK R. *KM dealing intelligency whit knowledge*, 2000. Disponível em: <www.public.gbg.frontec..se>.

_____; VRAKKING, Ben. *Homo zappiens*: educando na era digital. Porto Alegre: Artmed, 2009.

VIOLANTE, M. L. V. Identidade e marginalidade. In: BASSIT, A. Z. et al. (Org.). *Identidade*: teoria e pesquisa. São Paulo: Educ, 1985.

WALTHER, J. Computer mediated communication. *Communication Research*, n. 25, 1996.

WENGER, Etienne. *Comunità di pratica*: apprendimento, significato, identità. Milano: Raffaello Cortina, 2006.

_____. *Communities of practice*: a brief introduction. Disponível em: <http://www.ewenger.com/theory/index.htm>. Acesso em: 2 fev 2010.

_____; McDERMOTT, R.; SNYDER, W. *Coltivare comunità di pratica*. Milano: Guerini e Associati, 2007.

GRÁFICA PAYM
Tel. (011) 4392-3344
paym@terra.com.br